海南菠萝

贺军虎 栾爱萍 ◎ 主编

中国农业出版社
北京

编写委员会

主　编　贺军虎　栾爱萍

副主编　林文秋　冯筠庭　陈程杰

　　　　肖理为　舒海燕

编　者　贺军虎　栾爱萍　林文秋

　　　　冯筠庭　陈程杰　肖理为

　　　　舒海燕　李塘秀　梁茵龙

　　　　曾丽萍　吴　亚　王　悠

前　言

　　海南菠萝总产量在国内位列第二，但凭借其得天独厚的光热条件，海南所产菠萝具有成熟早、品质优、效益高的特点。正因如此，资本、品种和技术源源不断地涌入，新品种和新技术的应用屡见不鲜。在一定程度上，海南菠萝产业的发展现状体现了新品种和新技术在国内的应用水平。

　　当前，菠萝即将完成产业结构调整，新时代下对菠萝资源和知识产权的重视以及新品种对配套栽培技术的迫切需求，促进和推动了本书的编写出版：一方面可为科研收集和整理急需的育种知识，以满足新时代种业发展的需求；另一方面可为生产提供新品种及简明配套生产实用技术，方便生产者掌握和应用。

　　在全书编写过程中，我们广泛借鉴了国内外的育种经验和生产操作技术规程，并结合了编者多年的研究成果以及企业生产的经验。希望本书的出版能够推动国内菠萝产业的高质量发展。

　　由于编写时间有限，书中可能存在疏漏之处，敬请读者批评指正。

编　者
2024年2月

目 录

CONTENTS

第一章 菠萝的起源与传播

菠萝原产于中、南美洲，主要包括巴西、哥伦比亚、委内瑞拉、玻利维亚、哥斯达黎加、厄瓜多尔、法属圭亚那、圭亚那、巴拿马、秘鲁、苏里南、巴拉圭及阿根廷东北部。至今，在巴西亚马孙河流域的热带雨林中还可以发现菠萝的野生种。根据考古和语言学数据，食用菠萝在亚马孙和秘鲁沿海地区的栽培历史已超过3 000年，在中美洲的栽培历史也有2 500年，亚马孙栽培品种的多样性更为广泛，但尚未得到开发利用。

最初的菠萝野生种叶片少而狭窄、果柄长、果实小、种子多，不堪食用。印第安人选择果大、质优、无种子的果实将其驯化种植和繁育。

在哥伦布发现"新大陆"以前，美洲印第安人栽培选育菠萝已有上千年历史，并且把菠萝果实当作药物，用茎皮纤维制成弓弦和缝制布料织物的线，还用菠萝果实来酿造美酒。

1493年，当哥伦布第二次远航时，首次在西印度群岛当地印第安人村落发现了菠萝这种水果，其风味芳香。此后，在沿着巴拿马、波利兹、哥伦比亚航行时，均发现有菠萝种植。根据当地人的经验，航海家把菠萝当成一种抗维生素C缺乏症（坏血病）的食物整株带上船，有时候也把它当作名贵的礼物赠送给沿途的人们。回到欧洲后，菠萝成为西班牙王室的专享，并将它视为天堂般的水果。在17世纪的整个欧洲，菠萝都是奢华、高贵和财富的象征，英文单词中的"皇后"和"皇冠"均与菠萝相关。

在巴西、巴拉圭和阿根廷一带的巴拉圭河流域，人们将菠萝称为nanas，意思是"上等的水果"。菠萝的英文是pineapple，由松树（pine）+苹果（apple）组成。1640年，英国国王查理一世的园丁，拥有"御用首席植物学家"头衔的约翰·帕金森在其著述《植物剧场》中写道:"它的味道如此美妙,品尝起来,就像葡萄酒、玫瑰水和糖混合在一起一样。"

后来,葡萄牙人开辟了巴西经好望角、印度到中国的航线,在途中有意无意地传播了菠萝芽苗。菠萝虽然很少有种子,但它的冠芽、吸芽、蘖芽以及茎块都是繁殖的母体。非洲最早种植菠萝的是马达加斯加,因为它是巴西到印度航线的中转站。1550年印度南部开始种植菠萝,1558年以后菲律宾开始种植菠萝,随后马来西亚、中国陆续有种植菠萝的报道。

据史料记载,我国菠萝是由葡萄牙人于1605年经澳门传入,随后传入福建、台湾。因其粗生易长,很快发展起来。1687年的《台湾纪略》上有记载,到1851年的《文昌县志》也有菠萝记载:"甘香无核,叶刮麻做布。"

"卡因"菠萝于1820年选出,是20世纪流行的菠萝品种,在其传播期间,植株在各地变异,衍生出卡因系列品种,并由此而形成了菠萝栽培种最重要的两大品系之一。卡因的传播路线清晰,经美国夏威夷、中国台湾,于1928年传入海南(图1),在海南称为沙捞越。近年来又陆续从台湾引进台农系列菠萝品种到海南、广东种植。

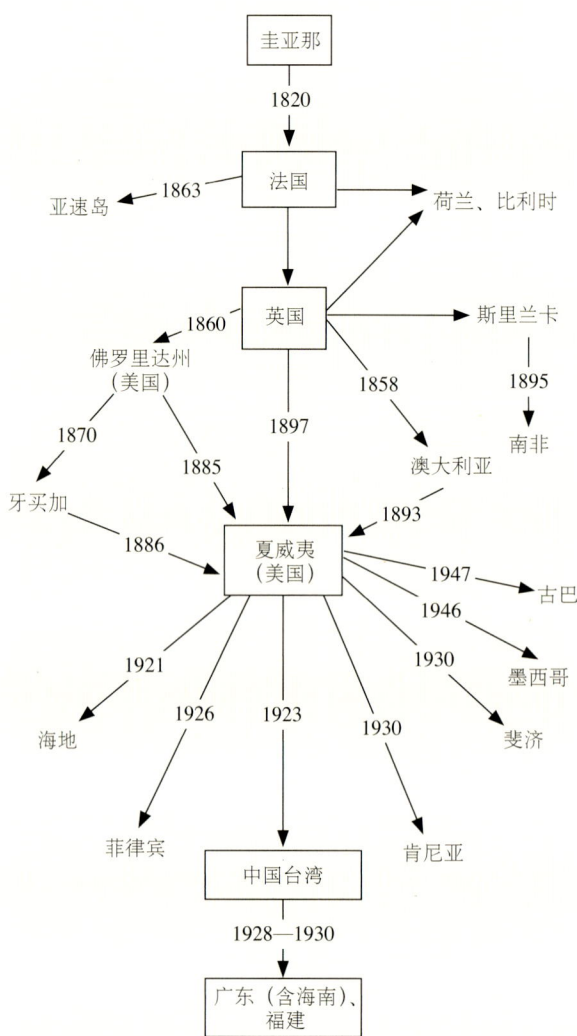

图1 卡因种菠萝的传播史(简图)

第二章　海南菠萝发展历史

菠萝在各地的叫法不一，海南本地人称其为草菠萝、地菠萝，以区别于木菠萝（波罗蜜），在台湾则称作凤梨，由于海南大量引进台湾品种，在海南也有一些人称菠萝为凤梨，其实还是菠萝，都属于凤梨科凤梨属菠萝种。

海南种植菠萝历史悠久，明《正德琼台志》和清道光《琼州府志》均有记载，主要分布在文昌、琼山、琼海、万宁、定安等县（市），至今已有400余年的栽培历史。

20世纪20年代，我国开始菠萝种植，70年代末至80年代，菠萝种植业发展迅速，1988年全国栽培面积最高达到8.9万公顷，总产量58.4万吨。此后受全球性金融危机和菠萝黑心病的双重打击，菠萝生产量急速下滑，1992年栽培面积下降到5.9万公顷，总产量42.9万吨。20世纪90年代中后期，经过产业结构与产业布局优化调整，菠萝产业迎来新的快速发展时期，单产与效益明显提高。

目前，菠萝主要产区在广东、海南。广东主要种植于雷州半岛的徐闻一带，面积和产量位居全国第一；海南主要种植于万宁、琼海、文昌、定安一带，面积和产量位居全国第二，并随着经济效益的提高，海南西部的昌江、澄迈、临高、乐东等县（市）也陆续形成了一定规模的菠萝面积。

现今海南种植菠萝品种有新老之分，老品种主要为巴厘（皇后类）和沙捞越（卡因类），主要种植于海南东部；新品种主要指近年来从台湾引进品种，主要种植于海南西部和西北部。

老品种的引进种植主要是以耐贮运为目的，以适应先前交通不发达情况下大陆市场的需求。在目前交通、物流日益顺畅的情况下，为满足人们对酸甜适口菠萝品种的需求，引进了台农系列菠萝新品种。2000年以后，台湾口感以甜为主的凤梨系列菠萝品种选育成功并引种海南，加上海南集约化栽培技术应用，使得菠萝成为海南农业新的经济增长点，面积和产量取得了长足的发展。2020年，海南菠萝面积已经达到20.9万亩（1亩＝1/15公顷，下同），年产量46.7万吨，产值17.7亿元，稳居全国第二（图2、图3）。

图2　1991—2020年海南省菠萝种植面积和产量情况

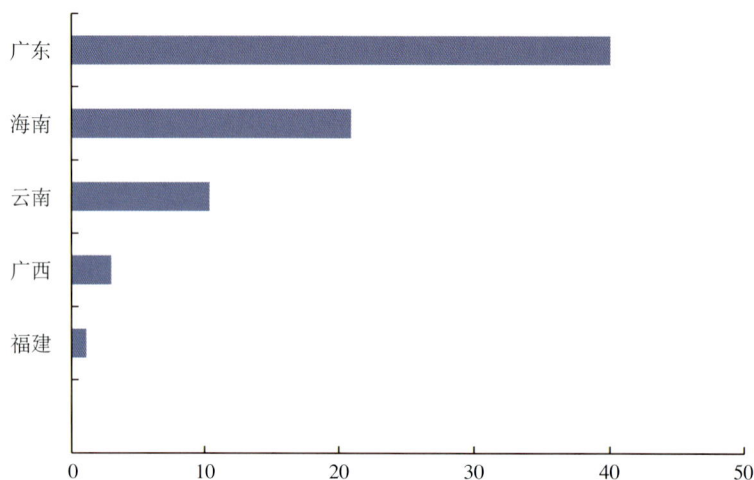

图3　2020年主产省份菠萝收获面积（万亩）

第三章　海南发展菠萝的优势

　　菠萝是热带植物，在20～36℃、年降水量800～1800毫米、相对湿度高的气候环境下生长良好。土壤pH介于4.5～5.5之间的酸性土壤更适合菠萝生长，微酸性土壤可以减少土传病害，促进土壤中的铁更容易被植物的根部吸收。

　　"十三五"期间，我国农垦提出了菠萝经济栽培适宜生态指标：年平均气温≥21℃，最冷月（1月份）平均气温12～24℃，冬季极端最低温度多年平均值≥2℃，≥10℃的年有效积温7000～9000℃。适宜生态指标的提出，对菠萝种植业结构调整起到了积极的指导作用，促进了菠萝产业的发展。

　　海南菠萝产业在我国菠萝产业中占有非常重要的地位。由于年均温高于广东，并且具有比较强的光照度，海南菠萝成熟期早于广东菠萝1个月左右，且糖度高，因此，海南具备菠萝生产的地位优势。

　　在海南，菠萝种植面积和产量仅次于香蕉和芒果，为第三大水果。目前主要栽培品种是巴厘，主要种植在海南岛东部台风频发的区域，其他新品种如金钻菠萝、甜蜜蜜和香水菠萝种植面积小，主要种植在海南岛的西部。新品种中香水菠萝主要种植在昌江境内；澄迈、临高、乐东等县以种植甜蜜蜜、金钻菠萝、金菠萝为主。近年来不断引进新品种如手撕凤梨、西瓜凤梨、芒果凤梨等。由于巴厘市场竞争地位下降明显，近年来海南大力调整菠萝品种的种植结构，海南东部新品种的种植面积迅速增加。

　　海南菠萝的种植区域主要以气候生产力划分。以万宁的龙滚、山根、北大，琼海的潭门、嘉积、中原、阳江以及文昌的文城、重兴、蓬莱、会文、东路，定安的仙沟、雷鸣、龙门为核心，组成了海南岛菠萝栽培的东部区域；昌江的十月田、乐东的尖峰岭、东方的零公里及澄迈的大拉、福山为西部菠萝种植的核心，海南菠萝优势生长区域基本形成。

海南适合菠萝生长和栽培，但同时也要清醒地认识到，菠萝是热带水果，我国菠萝最佳栽培区域不多。世界菠萝跨国公司种植基地多选择在泰国、加勒比海、菲律宾等无酷热、无低温的区域，而我国主要是由于个别年份1月份的极端低温会给以产期调节为主要技术特点的菠萝产业带来巨大的危害，例如即使是海南的西北部也会出现2～5℃的低温，使得正在发育的幼嫩果肉细胞受到寒害，且这种危害只有到采收前才能被发觉，导致果肉水心状、腐烂，呈现酒糟味，失去商品价值。所以，应该明确海南是菠萝的适宜种植区域，未必是最佳栽培区域。冬季低温和采收季节的高温不利于果实的生长和运输，种植中应该注意小气候危害并采取相应的栽培措施，促进菠萝产业健康发展。

总体上，海南岛东部面向大海，冬季和夏季温度变化不剧烈，年降雨多，正面迎击台风，多丘陵，从气候和比较优势上最适合种植菠萝；海南岛西部面向北部湾，冬季经常出现最低温，幼果受到伤害容易出现水心果，夏季出现最高温，果实容易受到日晒，种植气候条件不如东部；而岛中部多雨，年均温度低，光照条件不如东西部。因此，海南发展菠萝应该以东部为主，西部为辅。

第四章　菠萝资源的多样性

菠萝为凤梨科（Bromeliaceae）凤梨属（*Ananas*）植物，本属通常认为共有5个种菠萝（*A. comosus*）、红苞凤梨（*A. bracteatus*）、立叶凤梨（*A. erectifolius*）、矮凤梨（*A. nanas*）、野凤梨（*A. nanassoides*）。

通常情况下，栽培种菠萝（*A. comosus*）可以分为五大类，即卡因类（Cayenne group）、皇后类（Queen group）、西班牙类（Spanish group）、波多黎各类（Portavico group）和其他类（包括阿巴卡西类）。通常见到的为前三大类，即卡因类、皇后类和西班牙类。其中叶片无刺的基本归为卡因类，代表品种为金菠萝、沙捞越；叶片布满刺的归为皇后类，代表品种为巴厘、神湾；西班牙类叶片布满刺，彩带在叶片两边，生产中比较少。

菠萝种质资源比较丰富，主要集中在中南美洲国家，巴西收集到的菠萝资源最多，在巴西首都巴西利亚附近的克鲁兹达斯阿尔马斯（Cruz das Almas）的巴西农业研究中心就保存有851份（表1）。我国菠萝种质资源主要从美洲的古巴、巴西等国家，亚洲的日本、泰国等国家，以及台湾地区引入，主要保存在中国热带农业科学院热带作物品种资源研究所、中国热带农业科学院南亚热带作物研究所、广东省农业科学院果树研究所和广西农业科学院园艺研究所等单位，保存种质资源累计400多份。

表1　世界其他主要国家收集到的菠萝资源数量

序号	国家或地区	资源数量
1	巴　西	851
2	美　国	274

序号	国家或地区	资源数量
3	法　国	227
4	科特迪瓦	129
5	日　本	109
6	尼日利亚	84
7	马来西亚	54
8	印度尼西亚	48
9	澳大利亚	40

菠萝品种资源丰富多样，外观各异。

菠萝植株姿态可分为直立、倾斜、倒伏等类型。其中的西瓜菠萝、牛奶菠萝高大直立，而CO 57果实成熟时倒伏，是该品种特有的现象。

冠芽依数量分有单冠、多冠，如芒果凤梨多冠现象特别明显，其他品种主要以单冠芽为主；冠芽依形状分有圆锥形、短椭圆形、心形、长圆锥形、长圆柱形。冠芽大小也各异，通常情况下金菠萝、红西班牙菠萝冠芽长，而巴厘、金钻菠萝冠芽小。而簇生状扇形是杂交后代或者栽培种在异常低温下花发育形成的，组培苗在种植过程中也容易出现这样的现象。

依叶片叶刺分为光滑无刺、少量刺、部分有刺、全缘有刺类型（图4）。目前光滑无刺的品种国内仅有3～5个，如牛奶菠萝、日本菠萝和CO 57。另外，观赏类的立叶凤梨也完全无刺，而卡因类菠萝如沙捞越、金菠萝叶边缘基本无刺，只有在叶片的顶端有零星的小刺；而皇后类和西班牙类均

叶片有刺　　　　叶片无刺

图4　叶刺

全身有刺，常见典型代表是巴厘、红西班牙。

　　不同菠萝品种植株叶片伸展形态、叶色、彩带分布状况等方面均有差异。伸展形态分竖直、开张、平展、下垂，其中叶片形态竖直的品种有西瓜菠萝、牛奶菠萝；叶片颜色有淡绿、绿、绿带黄色斑纹、绿带紫红色斑纹、暗红、紫红、暗紫红等（图5），其中叶片绿色的品种只有金菠萝、西瓜菠萝、黄金菠萝；叶片彩带状态因种类不同分为无、中央、两侧三种类型，常见的品种彩带均在叶片的中部，而西班牙类彩带在叶片的两侧，叶片全部绿色的金菠萝、西瓜菠萝、黄金菠萝叶片无彩带。这些特征是品种直接区别的明显标志。

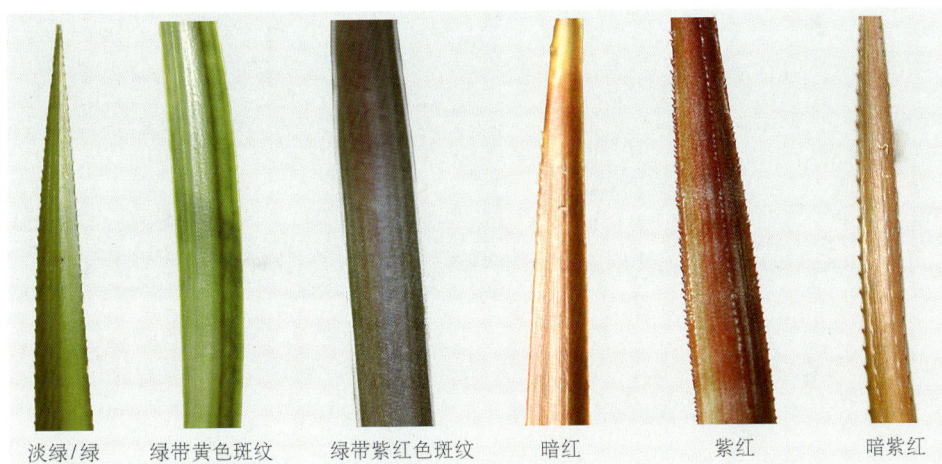

| 淡绿/绿 | 绿带黄色斑纹 | 绿带紫红色斑纹 | 暗红 | 紫红 | 暗紫红 |

图5　叶片颜色

　　花瓣颜色有紫白、紫、粉紫；小花盛花期开放状况分为微张和张开；花药形态有分离状和覆瓦状两种（图6）。小苞片颜色有浅红、红、紫红、紫褐（图7）；小苞片边缘分有刺和光滑无刺（图8）；萼片颜色有黄绿、粉红、紫红、浅紫、紫褐（图9）。

　　菠萝果实大小差异非常大，果实的大小由果眼大小和数量决定，两者都具有较高的遗传力。菠萝资源中的果实大小可以从少于100克到超过7千克，常见的泰国小菠萝和西瓜菠萝为典型代表。但是市场上消费者青睐的果实大小一般在1.4～1.6千克。

　　果实在形状、果皮颜色、果眼、颈部形状、果瘤有无、果肉透明度、果肉颜色等性状方面均表现出多样性。

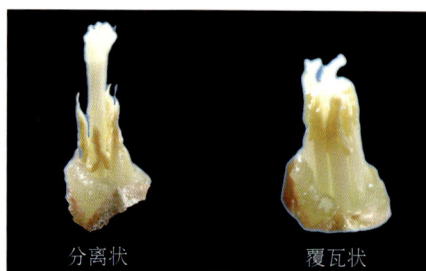

图6 花药形态

图7 小苞片颜色

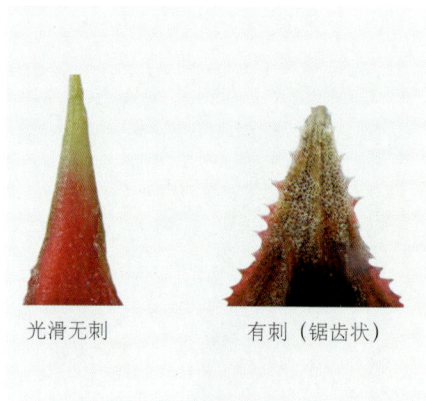

图8 小苞片边缘特征

图9 萼片颜色

　　果实形状主要有短圆筒、椭圆、近圆球、圆锥、长圆锥、金字塔、圆筒、长圆柱形；花器官受到低温、高温危害后形成的果实，多表现出长圆锥形。卡因类的金菠萝、西瓜菠萝、沙捞越等品种多表现为大而长圆柱形，适合用来加工罐头。

　　果实颜色在青果时期和成熟时期均不一致。青果颜色有淡黄、黄绿、银绿、淡绿、暗绿、暗墨绿、粉红、红褐、紫略显红、蓝紫（图10）；成熟果实颜色有绿、黄带绿斑、黄白、淡黄、金黄、深黄至橙、橙红、黄红。市面上销售的大多数菠萝果皮色为黄色到橙色，有时还留有一些绿色，奶油色、粉红色和红色果皮类型也存在。黄色果皮颜色源自类胡萝卜素，黄色深的品种类胡萝卜素含量较高；绿色是因叶绿素没有退化；红色源自高含量的花青素，主要是花青苷。果皮不同色泽是由不同的色素含量水平导致的，果皮中高含量的类胡萝卜素和低含量的花青素形成了不同程度的黄色到金色果皮。通过改变不同色素的含量水平，可呈现绿、黄、金、粉红和红色的果皮类型。

淡黄	黄绿	淡绿
暗绿	暗墨绿	粉红
红褐	紫略显红	蓝紫

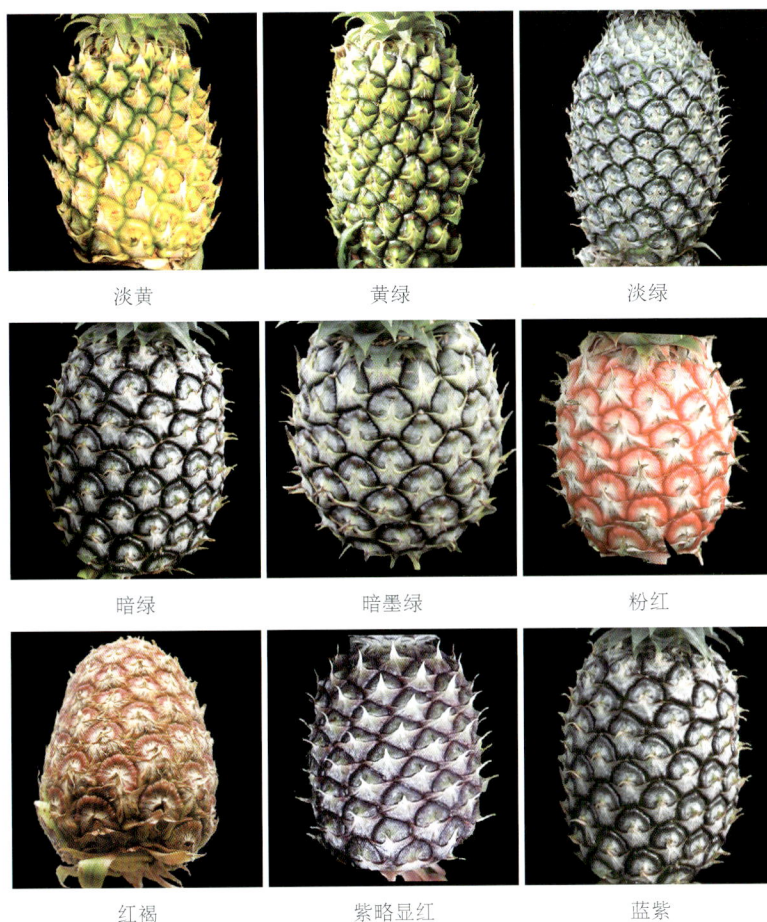

图10　青果果皮颜色

　　目前，红色菠萝是研究的重点，国内有一系列的红色果皮品种，大多源自体细胞变异及其杂交后代，如红香水是香水的芽变品种、红金钻是金钻的芽变品种，利用这些品种通过体细胞变异和杂交育种，选育出了冰糖红菠萝、红珍珠菠萝。巴西也选育出了自己的红色菠萝 Cesar 和 David。这些品种的果肉多为黄色或者奶油色，酸甜适口。

　　果肉颜色有白、浅奶油、奶黄、淡黄、黄、金黄、橙色等（图11）。果肉的黄色与胡萝卜素含量有关，在常见的无刺卡因和金菠萝之间胡萝卜素含量相差2～3倍，消费者更喜欢黄色果肉。金菠萝是橙黄色的典型代表，而白色果肉著名的品种有牛奶凤梨、Perola 和 Monte Lirio，白色果肉有椰汁味道。

　　果眼依外观形态分为突出、微突、平，依大小分为大、中、小，不同

| 白 | 浅奶油 | 淡黄 |
| 黄 | 金黄 | 橙 |

图11 果肉颜色

种类之间区别明显。卡因类、西班牙类表现为微突、平，而皇后类的巴厘、剥粒菠萝果眼突出。

果实颈部特征分为有果颈、无果颈两种（图12），一般品种无果颈，台农4号为有果颈的代表品种。果肉透明度分为透明、不透明（图13），主要用来区分果实成熟时是否容易上水（果肉透明）和运输，在目前果实抗极端高温和低温研究上意义重大。

果瘤分为无、少、中等、多不同类型（图14），一般采用裔芽种植的植株其果实底部果瘤多，种皮颜色有黄褐、褐、黑。

菠萝的甜味主要归因于蔗糖，虽然可遗传，但其含量在某种程度上与果实大小呈负相关，用果肉的可溶性固形物（TSS）含量表示，市场上销售的菠萝可溶性固形物含量一般在13%～22%。同一品种在不同季节成熟采摘，其可溶性固形物含量差异大。

菠萝的酸度主要由柠檬酸含量决定，菠萝的可滴定酸含量一般为0.2%～2%，消费者普遍喜欢的菠萝可滴定酸含量在0.3%～0.7%范围内。

果实口感是由果实中可溶性糖和可滴定酸的含量比值决定的，口感

有果颈　　　　　　　　　　无果颈

图12　果实颈部特征

果肉透明（俗称上水，水心果）　　　果肉不透明

图13　果肉透明度

无　　　　少　　　　中等　　　　多

图14　果基果瘤

甜的果实，其比例高，育种要求糖酸的比值超过25，酸度物质含量小于0.8%。目前市场上最受欢迎的巴厘和台农17号菠萝，可溶性固形物含量为14.5%，其可滴定酸含量很低。

　　果实的香气由多种挥发性物质决定。虽然已鉴定出280种挥发性化合物，但是高于其香气检测阈值的并不多，只有15种挥发性化合物。菠萝的香气差异很大，一般皇后类的巴厘菠萝散发着清香，卡因类的沙捞越香气很淡，并夹杂着草香；常见品种中，台农11号最为特殊，香气浓郁，其次是Perolera，完全成熟时通体散发香气。

菠萝的维生素C含量在不同品种之间差异较大，常见的无刺卡因每100克含量为10～15毫克，但金菠萝每100克含量高达91毫克，而一般橙子每100克含量为35～50毫克。

菠萝植株还提供纤维（用于服装和工业）和菠萝蛋白酶，菠萝蛋白酶可以作为抗炎剂用于烧伤的皮肤清创。菠萝蛋白酶还具有工业用途，包括肉类嫩化、啤酒澄清，以及鸡蛋和豆乳的脱水。菠萝蛋白酶含量在不同品种之间有明显的差异，同一品种果皮中含量最高，而果肉成熟度越高，含量越低。

菠萝的特色资源主要为观赏类红皮和切花类型，红苞凤梨在我国市场有销售。目前，中国热带农业科学院热带作物品种资源研究所保存的菠萝特色资源有玫瑰红菠萝、红苞凤梨、玉玲珑、立叶凤梨、冰糖红菠萝（图15）。

玫瑰红菠萝

红苞凤梨

玉玲珑

立叶凤梨

冰糖红菠萝

图15 特色菠萝资源

第五章　菠萝育种技术及其发展方向

　　最经济实惠的选育种方法是引进和筛选适合当地种植的外来品种，但是新品种创制是科技工作者必须面对的问题。杂交育种是菠萝育种史上使用的主要技术。除杂交育种外，营养系选种和诱变育种（包括辐射诱变、化学诱变以及诱变与离体技术相结合）也是传统的育种方法。然而，传统育种方法耗时长、育种效率低，迫切需要与新的生物技术方法相结合，加快育种进程。

一、引进和筛选

　　直接从国外或其他地方引进种质资源，鉴定和评价在当地的表现，筛选优异品种资源，然后进行商业化应用。如哥斯达黎加引进种植 Smooth Cayenne（无刺卡因）没有成功，但引进的杂交品种 MD2 表现良好，并大面积种植。巴西引进了生长在哥伦比亚和委内瑞拉山区的品种 Pérola，并成功实现了商业化。中国的主要栽培品种巴厘、台农 17 号均是引进并成功商业化的品种。但是，随着对品种专利的重视，新品种的引进变得比较困难。

二、营养系选种

　　菠萝长期采用无性繁殖，导致变异频率高。菠萝的基因突变概率高，是番木瓜的 10 倍，突变通常发生在营养体繁殖和组织培养阶段，但是大多为不良突变，例如无刺变有刺、果眼变大、叶片金色条带等。因此，在生产中需要不断地鉴别和剔除，以防止商业田地出现过多的不良变异。但是也会有很多性状表现比母株更为优秀，包括无刺变异、大果变异、风味增强变异和抗性增强变异等。

在无刺卡因突变体中发现的基因组标记变异高达20%。印度从皇后群体中选育出一个天然突变品系PQM-1，该品系具有晚熟、优质和鲜食、加工双重用途的特点。澳大利亚从皇后中选育出Magligo和Alexander。马来西亚从西班牙类中选育出红果突变体。古巴从Pinar（红色西班牙）选育出两个组织培养突变体。台农1号、台农2号和台农3号也是从无刺卡因中筛选而出。

三、杂交育种

杂交育种是菠萝育种史上使用的主要技术。菠萝品种高度杂合，选择亲和的父本和母本开展杂交，是广泛产生可变基因型及基因重组的方法。在常规杂交育种过程中，同一个栽培菠萝品种是自交不亲和的，只有与其他品种杂交才能获得杂交群体，并不断地通过筛选，最终选育出优良的品种。一般情况下，杂交育种需通过三个步骤：初选、二选和三选以及适应性和区域试验，用时比较长。如MD2是通过23年选育才推出，粤脆则是50多年后才获得品种审定。

1914年，夏威夷菠萝种植者协会开始了最早、最一致的菠萝改良工作，主要目标之一是培育出类似Smooth Cayenne抗病虫的品种，结果获得了MD2这一划时代的品种。一些国家或地区也开始了杂交育种工作，以选育出适应本国或地区环境的高产品种，如巴西选育出Vitoria和Imperial，澳大利亚杂交育成Aus Carnival和Aus Jubilee，马提尼克岛育出Flhoran41，马来西亚育出Josapine，日本选育出高糖品种Okinou P 17，中国台湾农业研究机构选育出高糖品种台农17号，以及中国大陆先后选育出粤脆、粤通、金香菠萝。

四、诱变育种

诱变育种主要有物理诱变、化学诱变。用伽马射线或甲磺酸乙酯

（EMS）处理菠萝试管幼苗、冠芽甚至种子，对叶绿素突变体的诱变效果优于其他辐射处理，诱导率为8.4%。然而，多数辐照突变体都是嵌合体，有研究发现在10 000多株经过辐照处理的植株中，没有发现性状特别优良的突变体，但从辐射苗中筛选出抗细菌性黑心病、无刺、观赏凤梨的材料。另据报道，用秋水仙素处理可以获得一些同源四倍体，其与二倍体植株在叶片厚度、叶片长度、气孔密度、保卫细胞大小和叶绿体数量上存在显著差异，有更强的抗寒性，但是生长周期长达3年之久。有人用1.2% EMS处理观赏凤梨无菌试管苗3小时的诱导率为15.8%，并获得了一批抗寒突变体。

五、基因工程

农杆菌介导和基因枪转化法在菠萝育种上已得到实际应用，并构建了高效的遗传转化体系。Sripaoraya采用粒子轰击菠萝叶片的方法，获得了抗除草剂的转基因植株，在保持原品种甜度和高产的同时，生产成本降低了50%。在澳大利亚，利用粒子轰击转化系统，成功获得带有*PPO*基因的抗黑心品系，通过下调菠萝中*PPO*基因的表达，降低了黑心病的发病率。夏威夷菠萝研究所将与菠萝粉蚧凋萎病病毒相关的衣壳蛋白（CP）基因导入菠萝叶片和球茎，获得了7个抗粉蚧凋萎病的菠萝品系，并通过抑制*PMWaV-2*基因的表达，有效降低了菠萝粉蚧凋萎病的发病率。在花期调控方面，Trusov和Botella通过基因沉默技术降低了*AcACS2*基因的表达，抑制了菠萝的自然开花，提高了菠萝田间开花率和采收的一致性。

未来，随着基因育种技术的持续创新，包括基因分型、分子辅助育种、高通量表型分析、基因组选择、过表达/敲除转基因技术和基因组编辑等技术，都可以与快速育种相结合，从而在菠萝育种改良方面取得更精准、更高效的成果。

第六章　菠萝的品种选育

近年来，菠萝品种选育已成为各国的工作重点，具有自主知识产权的品种越来越受欢迎。本文从当前品种选育的概况和主要育种技术的方法入手，总结前人的经验，为后续育种工作的开展提供参考和借鉴。

截至目前，最为成功的新品种当属夏威夷菠萝研究所（PRI）培育的MD2，又称金菠萝。它在许多国家已经取代了 Smooth Cayenne 的种植地位。该品种果实端正、耐储运，且富含维生素C，深受欧美国家消费者喜爱，占据国际菠萝鲜果贸易 60% 以上的份额。然而，由于其甜度较低、易出现水心果等问题，国内种植面积较小。相反，口感甘甜、同样容易出现水心病的台农 17 号更受欢迎。不过，品种选育的总体趋势是选择糖酸比适中、富含维生素C或其他功能成分的菠萝品种。近年来，选育出的果肉粉红色的菠萝，因富含花青苷这一具有更强的抗氧化性的物质而受到市场青睐。

我国菠萝产业是在引进外来品种的基础上发展起来的，植株催花难和果实各种生理病害是栽培过程中的难点。因此，选育适合国内区域发展的菠萝品种是当今及未来菠萝育种的重点。

一、品种选育的标准

菠萝品种选育的标准确实是一个随着时代和市场需求变化而不断演变的过程。20 世纪，由于物流技术相对不发达，菠萝的运输和储存都存在较大的挑战。因此，当时的菠萝育种主要侧重于满足制罐和鲜食市场的需求，其育种目标为：

（1）果长圆筒形、方肩。

（2）果重 1 500 克以上。

（3）果心宽度在 2.5 厘米以下，果眼深度不超过 1 厘米。

（4）果肉色黄、深黄或浅黄，肉质致密爽脆，纤维少。

（5）叶无刺或少刺。

（6）有 1 ～ 2 个低位而早生的吸芽。

（7）耐运输和贮藏。

近年来，随着全球运输和物流系统的不断发展和完善，新鲜水果的质量和口感已成为消费者选择的重要因素。在这样的背景下，菠萝作为一种广受欢迎的热带水果，其育种目标也相应地发生了变化。因此，品种选育的标准主要集中在优质、丰产、抗病上。巴西认为，商品果的重量应介于 900 ～ 2 400 克，可溶性固形物含量应高于 13%，花序梗长度应小于 30.0 厘米，以避免果实倾倒和晒伤。在工业化生产中，果形应该选择圆柱状或者筒状，可溶性固形物含量应在 14%～ 16%，总酸度在 0.65%～ 0.95%。我国和日本的育种目标为高糖低酸，标准如下：

（1）果重 1 000 ～ 1 500 克。

（2）果实冠芽长度与果实纵径之比约为 1 ∶ 3。

（3）可溶性固形物含量 16% 以上，可滴定酸酸度 <0.8%，糖酸比 ≥ 25。

（4）果肉口感细腻，多汁、纤维少。

（5）叶无刺或少刺。

此外，菠萝切花成为市场的新宠，我国目前已经有销售。巴西已经选育成功几个品种并推向欧美市场。其选育的标准如下：

（1）果粉红色或红色。

（2）冠芽长度与果实纵径比接近 1，冠芽长小于 7.00 厘米。

（3）花序梗长度大于 40.00 厘米。

（4）花序梗直径小于 1.50 厘米。

二、品种选育的方法

目前，菠萝品种选育主要是通过收集资源或者品种直接选育、从品种中选择优良的变异，以及杂交育种创制新的优良品种。所以，各菠萝主产国都先后开展了这方面的工作。目前菠萝选育种的具体途径：一是营养系选种；二是杂交育种；三是人工诱变育种。

1. 营养系选种

世界各菠萝主产国多将营养系选种列为工作重点，许多在生产上推广的新品种、新品系亦多从营养系选种中选出。菠萝的营养系选种有单株选种和群体选种两种方式。

（1）单株选种　菠萝营养系的性状变异是比较常见的，单株选种的目的就是将那些在某一方面或多个方面性状优于原品种、品系的单株选拔出来，经过对比观察和营养繁殖后代的遗传稳定性测定，将性状最好的优良单株采用无性繁殖方式使其优良性状相对稳定地遗传下来，成为生产上一个更好的新品种或品系。

（2）群体选种　群体选种是一项有益的品种选育过程，现以无刺卡因群体选种为例，介绍其过程和经验，以供借鉴。

母株无性系子一代性状的遗传变异。1957—1962年，华南农学院园艺系与广东省农业科学研究所园艺系合作，在广州市郊萝岗公社进行无刺卡因菠萝营养系选种工作，按照长势健壮、果大、果形端正、单冠、无肉瘤等性状进行优良母株的选择，从40多万株中选出554株母株，于1957年8月栽种在广东省农业科学研究所基地，并统一采取良好的栽培管理措施。至1959年第一次结果，仍按各单株性状表现进行分组编号，以后每年对果实重量、形状、可溶性固形物含量、果肉色泽及肉质、果瘤数目、果心大小、果柄长短、各类芽数等经济性状在无性繁殖下的遗传性及变异性进行分析和研究，获得了下列结果。

①果实重量与大小及小果数目。这些性状亲、子代间差异较大。在良好的栽培管理条件下，果重及小果数均显著增加，母代平均果重在1.5千克以下，而子代平均果重都在2千克以上，以母株的冠芽、裔芽繁殖的子代，其果实比以母株的吸芽繁殖的子代重，而且大，3.5千克以上的大果占41%～42%。其中以大果类型的冠芽繁殖的后代，其果实仍然较大，而小果类型的冠芽繁殖的子代，其果实仍然较小。这说明母株果重性状在以冠

芽为繁殖材料的情况下，可较稳定地遗传；如采用吸芽，则效果较差。

②果形。果形对于菠萝制罐生产有重要的意义。筒形果与近筒形果便于操作，可提高加工利用率，而锥形果则加工利用率低。母株的果实均为筒形，用这些母株所培育的苗种植后，结果4年总计筒形果占87.1%，锥形果仅占12.9%。在当时的气候条件下，不同芽类繁殖及不同年份的果实与果形变化的关系不大，这说明果实筒形这一性状在良好栽培条件下基本可以遗传，通过营养系的果形选择，可以改善这一性状。

③果瘤。果瘤是指果实基部突起的瘤状物。在栽培中，剥离果瘤费工不少，但这个性状遗传不稳定，然而在育种实践中，选用母株果实果瘤少的吸芽繁殖，则少果瘤的性状可以比较稳定地遗传。

④果柄长短。果柄的长短和粗细常与果实的商品价值有关，果柄长而细小，则果实易于倒垂触地，发生损伤以致腐烂或晒伤。果柄短而粗的则果实不易斜倒。以冠芽繁殖的子代，其母株果柄长短的差异可在子代中保持；但用裔芽、吸芽繁殖的后代，则果柄长短之差异不能保持。

⑤冠芽数目。遗传性较稳定，母代为单冠的，子代中绝大多数亦为单冠。说明通过选种可大大减少复冠，但也受气候条件的影响。

⑥裔芽数目。亲、子代间差异相当大，以冠芽、裔芽繁殖的子代裔芽数多，以吸芽繁殖的子代裔芽较少。但也受气候条件的影响。

⑦可溶性固形物含量。亲代果汁中可溶性固形物含量比子代高，亲代多集中在14.0%以上，而子代则多在12%～14%。但也表明母株果实可溶性固形物含量高的，其子代含量也略高，低的也略低。

⑧果肉颜色。母株的肉色以黄白色居多，占总果数的92%～96%，而在三种芽类繁殖的后代中黄果肉占多数，为46%～60%。在相同条件下继续观察肉色性状在子二代中的遗传性，发现肉色性状受栽培因素影响颇大。

三、杂交育种

1. 杂交育种技术

一般来说，在春季植株自然开花季节，于晴天上午8时左右，从父本植株上挑选盛开花朵的花粉，用镊子夹住花丝，将花粉尽可能多地涂抹在母本花的柱头上，并对所授粉的花朵做出标记，以便以后取种。授粉后在该植株上挂牌，上面写明父母本、杂交授粉的日期等。但是工作量大的时候，可以持续授粉到上午10时左右。授粉后一般经过60～90天果实成熟，待果皮完全变黄后采收，放置2～3天充分成熟后取出种子，阴干后储藏3～4个月即可种于基质中，置光照培养箱中若干天，就可以获得杂交苗。

2. 种内杂种后代的遗传变异规律

杂交育种极为艰难，但意义非凡。然而，在制定育种计划时，可获取的特征性状遗传知识相当有限。当前，多数遗传研究主要集中于某些特定性状的遗传，如叶色和叶片边缘有无刺。而对于植株数量性状的研究极为有限，且报道甚少。本节汇总了华南农业大学、广东省果树研究所、中国热带农业科学院以及巴西关于菠萝种内杂交第一代遗传倾向的研究成果，以供参考。

（1）叶刺 有刺亲本与无刺亲本的杂交后代，其有刺株与无刺株出现的比例大致为1：1，此后的相关研究报道也证实了这一点。叶缘有刺和无刺是受一对基因控制的质量性状。有刺亲本间杂交，杂种一代的植株绝大部分有刺，甚至全都有刺。为了减少杂交后代中出现有刺植株，应尽量选择无刺的亲本。但刺的有无也受环境因素的影响，有的杂种株幼苗或结果初期是无刺的，后来又变为有刺。

（2）果重 大果亲本与中果亲本杂交，其杂交第一代的果重趋向中果亲本的居多，果重1 000克以下的占47.8%～66.6%，果重1 000克以上的仅占9.0%～11.5%。果重的变异幅度也相当大，从285克至2 860克。总的趋势是：大果亲本与中小果亲本杂交，其杂交第一代平均果重小于双亲平均值的占绝大多数，超过双亲平均值的只占少数，杂种一代和其亲本相比，果重有明显降低的现象。

（3）果形 虽然亲本大部分为筒形果，但杂种一代的果形变异类型增多，除筒形果外还有锥形果、球形果、畸形果等，但仍以筒形果占多数，为40%～55%，锥形果占27%～40%，球形果占5%～28%，并有1.6%～5.6%的畸形果，杂交后代畸形果的比例增大。果形受外界条件影响较大，有的杂交一代入选株原为长筒形果，结果头两年为筒形果，以后

畸形果比例增多。

（4）**肉色**　杂交一代果肉颜色和亲本比较，深黄至黄色果肉的比例有所下降，果肉深黄至黄色亲本与果肉淡黄至淡黄白色亲本杂交，杂种第一代果肉深黄至黄色与淡黄至淡黄白色的比例接近1：1，如无刺卡因（果肉淡黄至淡黄白色）×巴厘（果肉深黄至黄色）正反交其黄肉果占43%～45%。两个黄肉果亲本之间杂交，其杂种一代黄肉果比例占优势，但其黄肉果的比例仍较双亲为低，巴厘（深黄至黄色肉果约占95%）×236（深黄至黄色肉果约占50%），其杂种一代黄肉果占43%。

（5）**果心大小**　杂种果心大小变幅比亲本大，如巴厘果心大小变幅为1.6～2.3厘米，巴厘×142杂种一代果心大小的变幅为0.9～4.5厘米。这就提供了从变幅低限中选出果心小的单株的可能。

（6）**果眼深度**　亲本果眼深度的变幅一般为0.9～1.8厘米，杂种后代变幅范围增大至0.6～2.0厘米，同时表现果眼变浅的趋向，呈现连续性变异。果眼深度为数量性状，存在超亲遗传。如亲本果眼深度在1厘米以下的仅占5%～10%，而杂种一代增至18%～33%；亲本果眼深度在1.2厘米以上的占70%～95%，杂种一代减少至27%～54%。由此可知，通过杂交育种可望获得果眼浅的单株。

（7）**可溶性固形物含量**　杂交后代果汁可溶性固形物含量的变异范围增大，含量有增加的趋向。亲本可溶性固形物含量变幅为11%～18%，杂种一代变幅增大至7%～26%，杂种中约占总株数90%的可溶性固形物含量在10%～20%之间，基本保持着可溶性固形物的含量水平；有1.5%～8.7%杂种一代植株果汁可溶性固形物含量在20%以上，超过了亲本的水平，说明通过有性杂交有可能选出可溶性固形物含量比亲本更高的植株。也有4.2%～7.8%杂种株可溶性固形物含量在10%以下，含量低于亲本。对结果分析表明，杂种后代可溶性固形物含量高于亲本的性状能够遗传。

（8）**成熟期**　不同成熟期的亲本杂交，其杂种一代熟期总的倾向趋于中性。如亲本的成熟期集中于7～8月，杂种一代果熟期也集中于7～8月，但杂种果熟期的分布比亲本更分散，果实早熟亲本间杂交，其杂种一代早熟果占优势，迟熟亲本间杂交，其杂种一代迟熟果占优势。

巴西通过对多年、多对亲本的组合开展杂交育种工作观察发现，在大多数杂交中，杂交后代的果实重量有所减轻，而总可溶性固形物含量在所有杂种中都有所增加。果实重量与植株高度之间存在正相关且是显著的简单线性相关性。此外，还观察到果实重量与冠部重量之间存在正相关且呈显著的简单线性相关性，但幅度较小，植株高度与冠部重量、植株高度与总可溶性固形物含量之间存在正相关，而总可溶性固形物含量与花梗长度之间存在负相关。这些规律的总结为后续的杂交育种提供了很好的借鉴。

3. 种间远缘杂交后代遗传规律

由于菠萝种的局限性，引进了野生菠萝生育期短、容易开花、果皮呈现红色的优异性状开展远缘杂交育种，获得了一些规律，现总结如下，以进一步促进此类工作的开展。

（1）以冰糖红菠萝为母本、立叶为父本的杂种第一代遗传规律 冰糖红菠萝呈大果型，单冠，叶片光滑、叶尖零星有刺、叶色绿有暗红条带、叶姿半开张，属于菠萝种的卡因类；而立叶呈小果型，复冠（1个大的长冠加多个短小冠），叶片全缘、光滑无刺、浅紫褐色、叶姿直立，属于凤梨属中的立叶凤梨种，以冰糖红菠萝为母本、以立叶为父本进行远缘杂交，构建了425个杂交后代群体，开展表现型遗传规律分析，结果如下：

①叶片色泽。冰糖红菠萝母本叶深绿色镶嵌着紫褐色条带，父本立叶叶色为浅紫褐色，其杂交第一代叶色为浅紫褐色100株，紫红色81株，绿色（深绿148株、浅绿96株）244株，类似于父、母本的叶色比例为1∶0.74，母株的叶片条带没有在后代中出现，说明冰糖红菠萝的条带性状无法在后代中稳定遗传。然而有趣的是后代中出现了浅红色泽，非常好看，这是其他品种资源没有的。

②叶刺。叶片尖端零星有刺的冰糖红菠萝母本叶刺的遗传性更强，出现众多的全缘有刺，数量占后代的85%，表现为光滑无刺的性状只占15%。

③果实重量。冰糖红菠萝母本平均果重为1 126.4克、立叶父本平均果重为49.7克，果很小，双亲平均果重为588.05克。母本与父本杂交，其杂交第一代果重平均为289.64克，果重400克以下的占80.09%（346株），果重950克以上的仅占2.38%，果重趋向小果亲本的居多。

④果实形状。母本冰糖红菠萝果形为圆筒形，父本立叶为聚花圆筒

形，分析433个杂交后代的果形，杂交第一代的果形变异增多，除了圆筒形果外还有圆柱形果、球形果、畸形果等，但仍以筒形果占多数。其中，圆筒形果占70.0%，圆柱形果占15.7%。

⑤果颈。分析了433个杂交后代的果颈，父、母本果实均无果颈，其杂交第一代出现了10株有果颈的果实。

⑥果瘤。母本有果瘤，平均每个果3个，父本无果瘤，分析了433个杂交后代的果瘤，其杂交第一代有果瘤的果为300个，无果瘤的果为133个。

⑦果皮成熟期颜色。母本冰糖红菠萝果皮青果为红色、完全成熟时为淡黄色，父本立叶果皮青果为紫红色、完全成熟时为白色，其杂交第一代的果皮成熟时色泽变异增多，杂交后代出现了橙色、红色、黄色、白色等果皮色泽，分别占12.4%、18.4%、43.5%、25.6%，偏母本色泽性状。

⑧果肉。母本冰糖红菠萝果肉色泽黄色，父本立叶果肉色泽白色，其杂交第一代的果肉色泽有白色和黄色（淡黄色），白色果315个，黄色果118个，在果肉色泽遗传上，父本遗传性更强。

⑨可溶性固形物含量。杂交后代可溶性固形物含量呈现连续性变异，可溶性固形物含量为数量性状，存在超亲遗传。其中，母本可溶性固形物含量17.5%，父本可溶性固形物含量10.3%，后代的可溶性固形物含量为5.8%～24.0%，可溶性固形物含量平均值为14.6%。

⑩果肉风味。母本果肉风味好，果肉酸甜可口，父本果肉风味差，果肉酸，其杂交第一代果肉风味主要以酸和甜酸为主，其中果肉风味酸的占29.21%、甜酸的占50.79%、酸甜的占10.53%、甜的占9.47%，亲本之间对比，父本立叶果肉风味的遗传性更强。

⑪果眼深度。果眼深度为数量性状，存在超亲遗传。其中，母本果眼深为7.77毫米，父本果眼深为5.32毫米，后代的果眼深度在5.7～12.68毫米，但是86%集中在6.68～10.86毫米。

⑫果眼外观。母本果眼外观为扁平，父本果眼外观为隆起或者微隆起，其杂交第一代的果眼外观有扁平、微隆起和隆起，以扁平和微隆起占多数。果眼外形扁平的果占35.3%，果眼外形微隆起的果占45.0%。

⑬顶芽数量。母本顶芽大多数是单冠，父本顶芽是由一个主冠加多个小冠组成，其杂交第一代顶芽是单冠的有370株，顶芽多冠的有36株，多

冠数量最少有2个顶芽，最多有22个顶芽，亲本之间相比，母本顶芽数量的遗传性更强。

（2）以玉玲珑为母本、金菠萝为父本的杂种第一代遗传规律 玉玲珑属于凤梨属野菠萝种，其叶冠银绿色，全缘有刺，有淡淡的紫褐色条纹，一年2次开花，果实重18～21克；金菠萝属于菠萝种卡因类，叶片绿色，光滑无刺，仅在叶尖端零星有刺，果长圆柱形，果实大，果重1 000～1 600克。以玉玲珑为母本、金菠萝为父本开展远缘杂交，构建了187个杂交后代群体，对果实性状进行了评价和分析，结果如下：

①冠芽。母本冠芽平均高度为18.3厘米，父本冠芽平均高度为23.9厘米，后代冠芽高度在13.7～51.9厘米，但是87.2%集中在20～45厘米。杂交后代的冠芽叶片颜色87.17%偏父本遗传，但杂交后代的冠芽外形偏母本遗传。冠芽叶刺父、母本类型比例为1∶1。

②果颈。父、母本均无果颈，杂交后代果实98.4%无果颈，与父、母本一致，仅1.6%的杂交后代有果颈。果实外形，杂交后代90%为中间类型圆筒形，5.35%与母本玉玲珑一致，2.14%与父本金菠萝相同。

③果重。母本单果重为19.1克，父本单果重为1 258克，后代单果重在70.8～822.3克，但是71.7%集中在200～550克。

④果皮成熟期颜色。母本果皮成熟期颜色为淡黄色，父本为橙黄色，杂交后代果皮成熟期颜色有5种类型，分别为黄绿色、淡黄色、黄色、橙黄色和亮黄色，为质量性状。其中，56.15%杂交后代的果皮成熟期颜色呈现黄色，34.22%为黄绿色。另外，58.8%的杂交后代的苞片颜色与父本金菠萝一致。

⑤果形指数。母本玉玲珑果形指数为1.25，父本金菠萝果形指数为1.12，杂交后代的果形指数在0.93～2.18，但77.5%集中在1.13～1.62。母本果芯为3.0毫米，父本果芯为20.0毫米，后代果芯在5.1～16.0毫米之间，但96.8%集中在6.0～14.0毫米。

⑥果肉。杂交后代中果肉颜色父、母本各占近一半，83.93%果肉半透明度与母本相同。母本可溶性固形物含量为13.7%，父本可溶性固形物含量为13.0%，杂交后代可溶性固形物含量在7.0%～18.0%，86.8%集中在10.0%～16.0%。母本的果肉纤维含量为多，父本的果肉纤维含量为中，杂

交后代果实的果肉纤维含量有5种类型，分别为多、中上、中、中下和少。其中，74.86%杂交后代的果肉纤维含量为中，与父本一样，偏父本遗传。

四、选育出的优异后代

1. 玉玲珑

品种来源：Hime Pineapple 的变异株。

基本特性：植株直立，株高20.5～47.2厘米，冠幅48.0～81.0厘米。叶片10～22枚，长36～53厘米，坚硬，叶缘锯齿状刺。头状花序；苞片1，红色；萼片3，粉红色；花瓣凋谢后紫红色。果筒形，长3.5～5.0厘米，直径2.5～3.5厘米，单果重40～50克，有小果24～35个，果眼深6.5～8.3毫米。果实基部常有裔芽1～3个，茎上有吸芽1～3个，地下有蘗芽1～3个。

营养生长期约6个月，春花3月，秋花9月；第1造果实6月中旬成熟，第2造果实12月中旬成熟。每朵小花开放时间仅1～2天，每个花序开放约20天。果实发育期约90天，坐果时果色粉红，成熟后苞片和宿萼淡黄白色（图16）。果实多汁，果肉白色，可溶性固形物含量15.5%，略有香气。与现有食用菠萝品种比，储存期更长，且无心腐病、黑心病等病害，表现出良好的抗病性。

适宜用途：短营养期、抗病型菠萝育种的亲本材料。

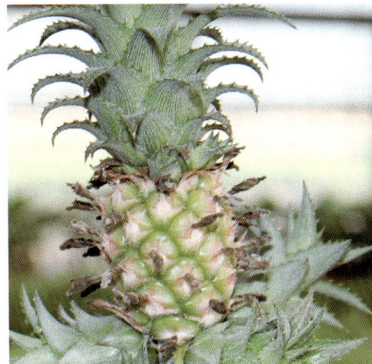

图16　玉玲珑品种特征

2. 茜碧

品种来源：三色凤梨（*A. comosus* var. *bracteatus* 'Tricolor'）嵌合体植株经体细胞胚分离途径选育而成。

基本特性：植株半直立，株高91～119厘米，冠幅90～120厘米。成年株叶40～52枚，带状，长98～145厘米，坚硬，中上部向下弯曲；叶缘锯齿状刺，向叶尖弯曲，刺长1.83～2.56毫米。头状花序由36～49朵无柄小花螺旋状排列而成。聚花果筒形，长9.8～15.5厘米，直径8.6～10.7厘米，重676～980克，有小果36～49个，果眼深10.9～13.3毫米；冠芽1个，高度35～40厘米，冠裔芽15～20个。果实基部常有裔芽2～3个，茎上有吸芽2～3个，地下有蘖芽1～3个。

营养生长期约36个月，果实发育期约120天，果实膨大期果皮红艳，成熟后苞片和宿萼淡黄白色（图17）。果实少汁，果肉白色，可溶性固形物含量14.2%，无香气，与现有食用菠萝品种比，储存期更长，且无水心病、心腐病、黑心病等病害，表现出良好的抗病性。

适宜用途：

（1）抗病、赏食兼用型菠萝育种的亲本材料。

（2）广东、海南等华南地区多作观赏型品种生产。

图17　茜碧品种特征

3. 红珍珠

品种来源：珍珠变异株。

基本特性：植株直立，株高约80.7厘米，最长叶片长83.7厘米，最长叶片宽6.81厘米，叶缘无刺或叶尖少许小刺，幼叶表面浅绿色，株型开张。苞片1，红色；萼片3，粉红色；花瓣3，长8～10毫米，上部蓝紫色，中下部白色，凋谢后紫红色；子房下位3室，每室20～30个胚珠。聚花果筒形。冠芽1～2枚，果实基部常有裔芽1～3个，腋芽2～3个，吸芽1～2个，地下有蘖芽1～2个。果实圆柱形，小果苞片及萼片边缘呈皱褶状，平均果重1.41千克，果眼平。坐果至果实成熟前10天果皮色泽为红色，成熟期果皮转为淡红色（图18）。果肉黄色至金黄色，纤维含量较少，肉质细腻，平均可溶性固形物含量15%～18%，风味浓郁。采收期为3～7月。

适宜用途：广东、海南等华南地区常作观赏、鲜食两用型品种生产。

图18　红珍珠品种特征

4. 红香水

品种来源：台农11号变异株，发现于昌江县十月田镇。

基本特性：植株直立，株高约77.3厘米，最长叶片长74.7厘米，最长叶片宽6.48厘米，叶片38枚左右，叶缘无刺或叶尖少许小刺，叶片表面翠绿色，有明显的黄绿相间的条带，株型开张。头状花序由20~35朵无柄小花螺旋状排列而成；苞片1，红色；萼片3，粉红色；花瓣凋谢后紫红色。果实圆筒形，小果苞片及萼片边缘呈皱褶状，平均果重1.32千克，果眼微凸起。坐果至果实成熟前1个月果皮色泽为粉红色，成熟期果皮转为白黄色（图19）。果肉黄色至金黄色，纤维含量较少，肉质细腻，平均可溶性固形物含量19%，风味浓郁。采收期为3~6月。冠芽1个，长度10~12厘米；果实基部常有裔芽1~2个，茎上有吸芽2~4个，地下有蘗芽1~2个。

适宜用途：广东、海南等华南地区常作赏食兼用型品种生产。

图19　红香水品种特征

5. 红金钻

品种来源：台农17号的变异株。

基本特性：植株半直立，株高70厘米。叶缘无刺，叶表面略呈红褐色。紫红色穗状花序，叶浅绿，嫩叶顶部红色，叶中心红紫色，冠芽零星有刺，长14~16厘米。果实膨大期果皮红艳，成熟后苞片和宿萼浅黄色（图20）。果圆柱形，单果重1.4千克，果皮薄，果眼浅，果肉光滑细腻，金黄色，纤维少，可食率60%，果心可食，可溶性固形物含量17%，含酸量0.42%，芳香多汁。不裂柄、裂果。茎上有吸芽1~3个。

适宜用途：广东、海南等华南地区常作赏食兼用型品种生产。

图20　红金钻品种特征

6. 红皮优良杂交后代

来源：以冰糖红菠萝为母本、立叶为父本杂交选出。

基本特性：绿色叶片的植株（图21左），幼株非常美观，是优良的切花杂交品种，果实大小超过父本，但是保持着父本的果柄长度。叶片红褐色的后代（图21中、右），果实成熟时果皮仍保留着红色，超过双亲。果重500～800克，接近亲本平均值，可溶性固形物含量17.2%，保持母本优良性状。

适宜用途：可以作为优良的切花育种材料或者红皮好吃菠萝的杂交亲本。

图21　冰糖红菠萝与立叶的优良杂交后代

第七章 菠萝的生态适应性

一、植株的生长习性

菠萝是一种热带植物，在温度适宜（16～33℃）、降水量少但有规律的气候条件下生长最适。据观察，无刺卡因只需要每月50毫米的降水量就能达到最佳生长状态。但是，它有一些严格的生长局限性：

- 不能忍受霜冻；
- 不耐高温（超过40℃），日灼对植株和果实的损害严重；
- 根系脆弱，需要排水良好的条件。

菠萝有几个特点，使其能够在较少的降水量条件下生存和生长：

- 叶片的形状和方向能最大限度地有效捕捉水分和阳光；
- 叶片与植株的茎连接处形成的大杯状结构能有效储存营养液和水分；
- 叶片的基部有腋根，可以通过腋根和叶面（尤其是基部白色组织）吸收营养；
- 气孔数量少，能隔热以减少水分流失；
- 储水组织占叶片厚度的一半，在降水量少时用于帮助维持生长；
- 特殊的新陈代谢系统（CAM）能够在夜晚吸收二氧化碳以供白天之需，这样可以显著降低水分的散失。
- 菠萝对干旱条件的适应不仅源自在干旱气候条件下进化，还源自其附生祖先。

二、叶

1. 叶子的形状和排列

菠萝的叶子呈长形、槽形，从底部到尖端逐渐变细，呈螺旋状排列在茎秆周围。这种植物形态可以最大限度地拦截阳光，并高效地收集和输送雨水到植物的茎和根系。大多数叶子，尤其是植物顶部暴露在阳光下的叶子，都与太阳成一定角度（即相对直立），这有助于降低叶子温度和减少水分流失。

叶子的排列方式是螺旋向上的，第13片叶子最先重叠并遮蔽植株上的较低叶子。由于其长而锥形的形状，在长大和成熟之前不会遮挡邻近植物的叶子。一株成熟的植株重3.6千克，叶片面积约为2.2米^2。

2. 叶基部白色组织

位于叶片的底部，半包围着茎秆。这种白色组织可以直接吸收水分和溶解的养分。随着叶子的生长和成熟，它会变成绿色组织。

3. 气孔

气孔是叶片上的孔隙，主要位于叶片背面茸毛下的凹陷通道中，单位叶片面积上的气孔相对较少。二氧化碳通过气孔进入植物体内，水分和氧气则通过气孔排出体外。由于气孔小而深，并有一层厚厚的蜡质毛状体保护，因此植物的蒸腾作用（失水）率非常低。

4. 毛状体（叶毛）

叶毛在显微镜下可以看到，也称 叶片表皮上长出的细毛。菠萝上的毛状体是多细胞的蘑菇状鳞片毛，位于叶片背面，围绕在气孔周围，有助于减少植物的水分流失。毛状体长在叶片的下侧，使叶片底部呈现银色，从而有助于降低叶片温度。

除了毛状体外，叶片正面的表皮还覆盖着一层厚厚的蜡质角质层，可进一步减少水分的流失。

5.储水组织

无刺卡因品种成熟叶片的横截面厚度可达 4 毫米，其中约一半的体积由储水组织占据。当水分充足时，成熟叶片的横截面厚度可达最大值；在水分不足时，这种组织就像一个水库，用来维持植物的生长，甚至果实的发育。长期干旱后，这种组织会减少到几乎为零，呈极度干旱状态。

6.景天科酸代谢途径（CAM）

大多数植物必须在阳光照射下吸收二氧化碳才能进行光合作用，因此它们的气孔在 24 小时周期中于相对温暖、干燥的时段开放，大量水分通过开放的气孔从植物中逸出。景天科植物如景天、落地生根、菠萝、仙人掌等叶子具有特殊的二氧化碳固定方式，通常在夜间打开气孔吸收二氧化碳，并将其固定在有机酸中。这些有机酸可以在白天被分解并释放出二氧化碳，供植物进行光合作用。这种不同于一般植物的固定二氧化碳方式称为景天科酸代谢途径（CAM）。通过这种方式，包括菠萝在内的 CAM 植物可以减少水分的蒸腾，从而在干旱环境中保持水分。

正是由于这种特性，菠萝相比其他作物能够在过于干燥的条件下继续进行光合作用。

7.叶片对菠萝生长的影响

菠萝植株的多种节水形态和叶片结构有利于其吸收各种来源的水分，如雨水、露水或大量的叶面喷水，使其能较好地适应雨量少的时期，在相对干旱的条件下也能继续生长。呈螺旋状排列的莲座叶片可以有效地收集水滴，并将其输送到叶腋杯中，供基部白色组织和腋生根系统吸收。因此，喷灌时，要保证有足够的喷洒量，使喷洒液能够到达基部白色组织和腋生根（气根）。然而，当株冠闭合时，喷洒物很难到达土壤。当相邻植株的叶片在垄上和行间交叉时（幼苗种植 8～10 个月），叶片覆盖率会变得非常高，因此需要大容量的喷雾（每公顷超过 2 000 升，通常约为 5 000 升）来处理土壤。有些养分可以直接被绿叶表面吸收（特别是尿素和硫酸铁/锌），这时可以少量喷洒（每公顷少于 500 升），也能达到效果。由于

菠萝气孔在夜间开放，一些处理如电石催花可能在夜间更有效。

尽管菠萝有非常高效的水分保持系统，是栽培作物中水分利用效率最高的作物之一，并能在十分干旱条件下存活，但在降雨或灌溉良好的情况下生长会更加健壮，而在水分胁迫的情况下，植株的生长和产量都会显著降低。在长期干旱期间，植株会停止生长，菠萝的生长周期也会被打乱。

在严重的水分胁迫下长大的果实，如果在临近成熟时突然下雨，果皮表面则极易裂开。在这种情况下，易出现酒糟味的腐烂，会导致果实颗粒无收，这在台农17号品种上表现得更为显著。

由于菠萝叶片在白天关闭气孔，无法靠蒸发水分带走部分热量，田间植株会发热，除非有风将热量排出田外，否则很容易造成植株损伤、叶片变黄、果实日灼。温度超过36℃时，菠萝生长会减慢，到40℃左右就会停止。

三、茎

茎是菠萝植株养分的储存库，光合作用产生过多的养分转化为淀粉就在茎中储藏，其淀粉含量可以高达11%。当阳光不足时，这些储存淀粉会被利用，它们是叶腋间抽生出的吸芽早期发育的能量来源。

只有剥掉所有叶子，否则看不到菠萝的茎。了解其与其他器官的相关性有助于理解菠萝的"本质"：

- 宽叶 = 茎直径大 = 果直径大；
- 窄叶 = 茎直径小 = 果实直径小；
- 果实直径越大越重 = 产量越高。

图22左上显示的是去掉所有叶子后的茎。菠萝的重要特征之一是有地下根和腋生根（气生根）。茎秆上还有与每片叶子相关的侧芽，这些侧芽可以形成轮生吸芽。在组织培养法出现之前，吸芽一直是营养繁殖中重要的种植材料来源。这种芽繁殖方法速度较慢，但不会产生变异。

在判断植株的大小和生长情况时，主要看茎的大小，而不仅仅是叶子和植株冠幅的大小。在非常温暖的热带环境下，生长非常快的植株可以产生大量的叶子，但在茎中储存的淀粉很少，因此可能不开花结果或者只产生小果实。

叶面喷施叶面肥和水可以被叶基茎上的腋生根吸收（也可以通过基部白色叶组织）。

催花时间过早，茎秆没有足够的淀粉储备积累，植株可能不会发育长成足够大的果实，甚至不能开花。

生长良好和成熟的母株可能有足够的淀粉储备来产生强壮的吸芽，用来做再次生产的种苗。

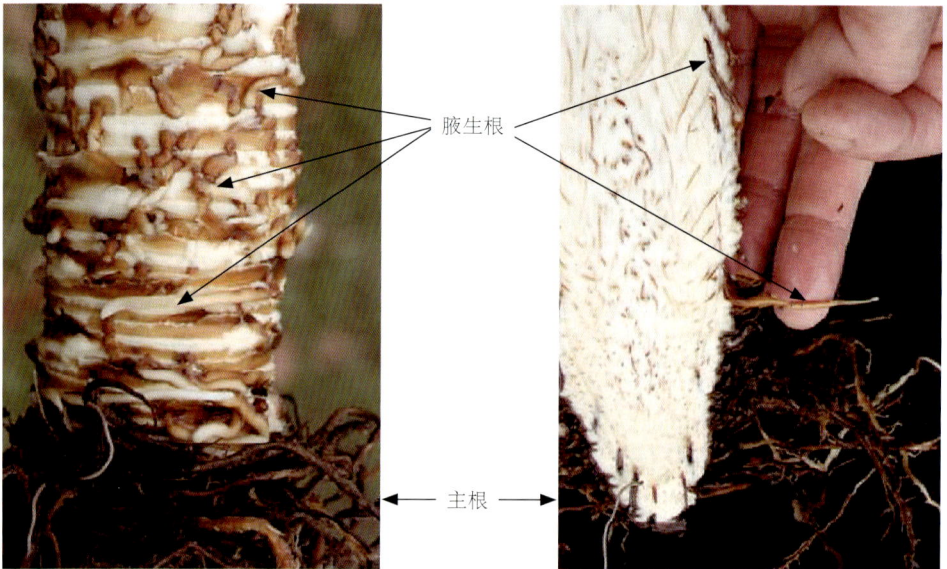

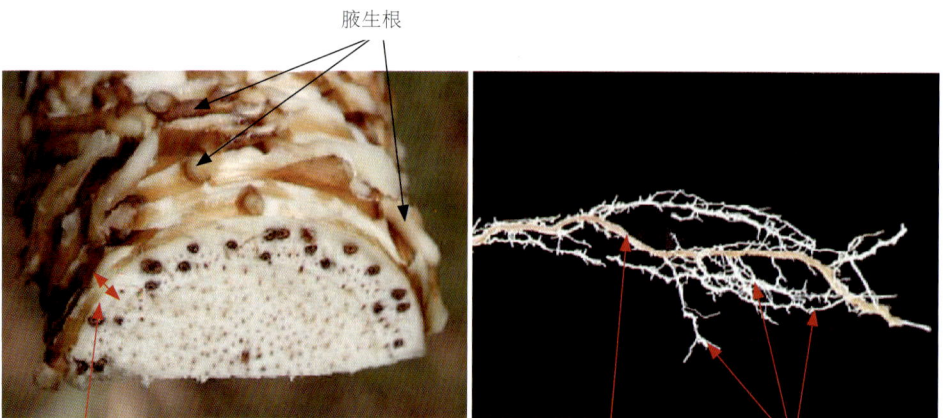

腋生根

主根

腋生根

根（横截面深褐色部分）通过皮层向下和侧向生长

主根   侧根

图22　腋生根和地下根的主根、侧根

四、根系

凤梨科植物的根系通常发育不良、纤细，而且菠萝的根系通常很浅，分布很广，如果受到病虫危害，则再生能力差。

1. 根的类型

（1）腋生根系 腋生根也叫腋根，菠萝所有的根都起源于种苗的根点，它们通过皮层的狭窄组织层向下和向外生长，在叶基下方1厘米处出现的根，称为腋根或者腋生根（图22）。在杯状叶腋中有称为腋生根的原始（部分发育）根，可以直接吸收水分和溶解的养分。但是，随着植株的生长，生长尖端离土壤越来越远，根就会在离土壤越来越高的地方出现，称作气生根。这些根接触不到土壤，只会缠绕在茎秆周围，呈扁平的红棕色。腋生根和叶片基部的白色组织起着重要的作用，它们吸收顺着叶片流下的水分和养分。

（2）地下根 种苗的根点会向下和向外生长，向下生长的根会深入土壤，形成主根，向外生长的在土层上方1厘米的根也会向下伸入土壤，形成主根，这些都称为地下根。从主根分枝出来的根叫做侧根。腋生根、主根和侧根都有根毛，从而大大增加了根的表面积，可以更好地吸收水分和养分。根毛的形成完全取决于根部附近氧气的供应。

2. 根系的生长

地下根系的数量取决于种苗的重量、类型和品种特性。冠芽繁殖所产生的根系比裔芽或吸芽多得多。种植后1～2个月根系会出现比较快的生长，并持续到开花前后。冬季根系会持续生长，且生长速度会减慢，但还要取决于温度和土壤湿度。最长的主根从植株的底部向侧面延伸，离土壤表面较近。大多数根系生长在未压实的垄上土壤中，一般深20厘米左右，极少数根可以深达土层下1.5米处。菠萝每一植株在12个月内大约形成450条主根，任何受损的主根不会产生新的主根，但是会在主根未受损处形成新的侧根。菠萝品种间的根系生长也存在差异，例如，有些品种会产生比其他品种更多的主根，有些品种会产生比其他品种更多的侧根。

五、开花

菠萝是一种无限开花植物，这表明其没有特定的开花触发因素，例如昼夜长度，但是冬季的低温干旱或者夏季的高温干旱都可以诱导开花。自然生长 12 个月以上的植株经常在冬季孕育和启动开花进程，到夏季果实成熟。冬季也可以收获到果实，但通常很少，因为花分化如果发生在温暖的月份，此时营养生长旺盛，成花相对困难，虽也可以成花，尤其是在海南夏季 5 月左右高温干旱的时期。但高温干旱在夏季随时发生，由于这种开花的"随机性"，结果可能会分散，需要多次不断地收获成熟的果实。要使果实采收期整体一致，必须制订植株生长过程控制管理方案，规划落实好种苗的大小、均匀度、种植时期、催花时期，才会有整体一致的采收期。

六、果实

菠萝在植物学上被称为聚花果——许多果实融合在一起形成一个单元，每个"眼"（小果实）都是一个完整的果实。开花从聚花果的底部开始，并以螺旋状向上延伸到最后一个小果。当小果的形成停止时，生长点恢复到营养状态，并形成顶部（冠部）。良好的成花诱导将确保形成大量的小果，在良好的栽培管理下，这些小果将全部膨大，形成形状良好、高产的果实。

由于小果的成熟遵循与开花相同的模式，因此菠萝底部比顶部更成熟、更甜、味道更好。短而几乎没有锥度的果实（夏季果和二茬果）比大而有锥度的秋季和春季的果实成熟更均匀。

菠萝与草莓和柑橘类水果一样，不含淀粉储备，因此不能像梨、哈密瓜和香蕉那样在收获后变得"更甜"。

七、生长周期

在我国菠萝经济栽培区，菠萝种植周期一般 20 ~ 30 个月，从菠萝开始生长到收获的时间因季节不同而有较大差异。一般来说吸芽苗种植后

20～24个月即可收获，其中种苗繁殖期8～12个月。以台农17号为例，果实采摘后雨季开始抽生种苗，种苗抽生3个月后就可以种植，营养生长阶段即从种苗种植到催花为7～13个月，催花到果实采摘5～6个月。我国菠萝主要采摘期为每年的3～5月，8～10月为种苗成熟期，9～11月为种植期，第二年的8月20日至10月底为催花期，催花40～50天即可以见红（花器官显现），花序抽生开花期30～45天，果实生长期2～3个月。不同品种的具体时间取决于品种特性，受温度、光照和降雨的影响。

如果不是经济栽培，让其自然生长，那么菠萝植株自然开花需要两个条件：一是需要达到足够的成熟度；二是需要出现某种形式的胁迫，导致植株生长受阻，如低温、干旱，或物理损害，如昆虫或疾病侵袭。

菠萝是一种多年生植物，一次种植可以连续多次收获。如果植株保持健康，结果后的植株抽生的吸芽会长大继续结果，还可以采2～3茬果，金菠萝、红蜜、甜蜜蜜等品种第二茬果会在第一茬果实采摘后老株抽生的吸芽冬季孕育成花，第二年就可以结果。当然，果实的大小会随着茬数增多而减小。但是，研究发现水心果比例下降很显著。

第八章　菠萝主要品种及其栽培要点

目前，海南菠萝主要栽培品种仍然是巴厘，占种植面积的60%左右，主要种植在海南岛东部。海南菠萝栽培品种众多，新品种主要有香水菠萝、甜蜜蜜，此外还有金钻、金菠萝、西瓜菠萝、手撕凤梨和芒果凤梨，主要种植在海南西部土壤平缓、台风危害不大的区域。其优点是口感明显甜过巴厘，经济效益好，但是管理技术要求高、催花难度大。

一、巴厘（Comte de Paris）

占我国种植面积的70%左右，早熟、容易催花、耐贮运。

植株中等大，叶绿，叶中部具有暗紫红色彩带，叶缘有排列整齐的刺。果中等大，单果重750～1 500克。成熟时果皮金黄色，果圆筒形，果眼深，果肉深黄，果汁中等（图23），有香气，可溶性固形物含量13%～15%。口感酸甜适口，是早熟的鲜食品种。该品种耐瘠薄、耐干旱，易催花、易管理，丰产、稳产，亩产3 000～4 000千克。

栽培要点：

（1）需要在较高的温度区域种植，以降低果肉酸度，海南岛多选择年均温较高的东部种植。

（2）选择富含有机质的缓坡地或者排水良好平地种植。

（3）10月前后雨季结束时种植。种苗选用高30厘米、重400～450克的吸芽苗，每亩种植3 200株以上，坡地施足基肥后可以适当密植。

（4）最适宜采果期为3～4月，过早容易出现黑心病。

图23 巴 厘

（5）易催花。9～10月用40%乙烯利400～500倍液＋2%尿素液（尿素能促使乙烯利逐渐降解，提高催花效果）于白天喷叶面1次即可，植株生长旺盛的可以间隔2～5天再喷施1次。

二、台农11号（香水菠萝）

目前唯一成熟时散发浓郁香气的品种，适应性强。

以卡因×黄模里西斯种杂交选育而成。主要种植在昌江境内。

株高70～79厘米，株型开张，叶片绿色，具紫红彩带，叶尖有少量刺。果实短圆柱形，果皮淡黄色（图24），重1.1～1.3千克，果眼浅，果肉细腻、多汁，口感清甜，可溶性固形物含量14.6%～16.0%，综合评价优良。耐旱、耐贫瘠土壤、耐运输、抗性强。冬季容易受冻害，叶尖出现斑点病。该品种适合种植在干热区域。

栽培要点：

（1）应选择缓坡地或者排水良好平地种植。在高温、干旱区域品质更佳。目前主要种植在海南昌江的十月田镇。

（2）适合密植，每亩种植3 700株左右，一般10月前后种植。苗高30厘米、重450克左右。种苗晾晒1周后种植。

（3）最适宜采果期为3～5月，其他季节果肉容易出现生理病害。

（4）易催花，9～10月用40%乙烯利400～500倍液＋2%尿素在白天喷叶面，也可以用1.0%～1.5%电石水溶液晚上或者清晨灌心2次即可。

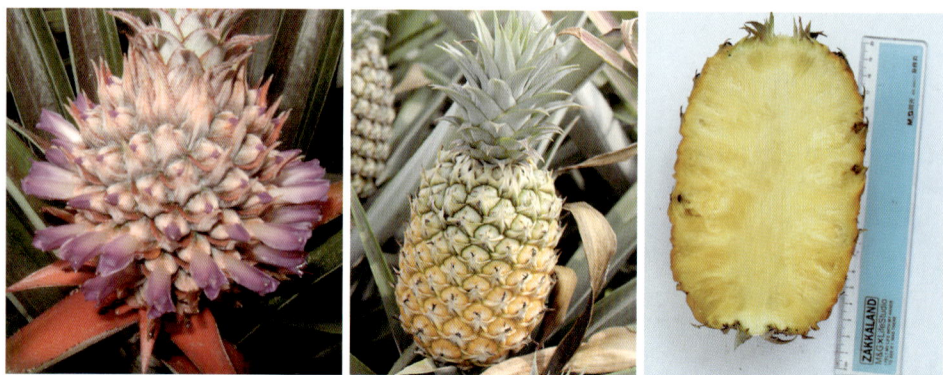

图24　台农11号（香水菠萝）

三、台农13号（冬蜜凤梨、甘蔗菠萝）

以卡因 × 台农8号杂交选育而成。口感细腻，食用时有种蜜香味，但容易产生水心果。

植株高，叶长直立，叶尖及基部常见零星小刺，叶面草绿色但中轴呈紫红色。果实略呈圆柱形，平均单果重1.2千克，果眼略突，成熟时果皮绿中带黄（图25）；果肉淡黄色，纤维多而粗，可溶性固形物含量18%～20%，酸度约0.27%，糖酸比约58，风味浓郁，但是该品种抗逆性能差，容易出现水心果。正常采收期为6月下旬至7月中旬，通过催花技术可将其采收期调整为4～5月，或延至9～11月。

图25　台农13号

栽培要点：

（1）应选择缓坡地种植，水肥条件要求不严格。

（2）适宜秋冬季节种植，最适宜采果期为8月至翌年2月。

（3）每亩种植2 500 ～ 3 200株。一般10月前后种植，也可按照采收期提前14 ～ 15个月种植，苗高30厘米、重450克左右，晾晒1周后种植。

（4）该品种生长健壮，催花相对困难。需要在最低温度25℃以下，用电石液催2 ～ 3次，即晚上或清晨用1.0% ～ 1.5%电石水溶液灌心2 ～ 3次。

四、台农16号（甜蜜蜜）

无刺卡因 × Rough的杂交后代。果皮淡绿即可采摘。口感好，催花难，果实容易倒伏，丰产稳产。

主要种植在澄迈一带。生长旺盛，株高90厘米左右。叶浅墨绿色，叶宽，叶缘零星有刺，水肥条件充足条件下叶片有纵行隆起条纹，叶片成龄后呈紫红色彩带，果实果皮淡绿色即可采收。果锥形，平均单果重1.3 ～ 1.5千克，果肉呈黄或淡黄色，纤维少，肉质细致，可溶性固形物含量17% ～ 21%（图26）。对土壤的适应性比较强，丰产性能好，不耐贮运。

栽培要点：

（1）在缓坡地种植需梯田起垄或者在排水良好平地种植。

（2）适宜密植，每亩种植2 700株左右。一般10月前后种植，苗高30厘米、重450克左右。

图26　台农16号（甜蜜蜜）

（3）最适宜采果期为3～5月，其他季节果实容易日灼，果实适宜采收季节在旱季。

（4）催花相对难，需要催花2～3次。用1.0%～1.5%电石溶液于晚上10时到凌晨4时连续催花2次，再用40%乙烯利400～500倍液＋2%尿素液喷叶面1次，每次催花间隔2～3天。高温季节催花可以用硼酸钠或碳酸钠以提高效率。

（5）果柄长，果实生长后期容易倒伏。花期前后喷施2～3次钙肥、坐果1个月以后套袋防晒，防止果实倒伏、晒伤，果皮泛黄、果眼变平即采摘。

五、台农17号（金钻菠萝）

市场畅销品种，从卡因×Rough的杂交后代中选育而成。

果肉甘甜、市场前景好。但是植株对养分、气候敏感，难催花，果实容易裂果、上水进而造成绝收。

株型半开张，叶片浅绿，叶片中央具淡红紫色的彩带，叶缘间隔有少量的红色短刺。果实短长圆形，果眼微隆起，果肉深黄色或者金黄色，纤维少，果心可食（图27），可溶性固形物含量14.8%～16.8%，口感甘甜，风味好，平均单果重1.4千克，平均亩产3 000～4 000千克。

该品种品质好，但是抗性差。对矿物质需求高，在果园土壤pH低于4.5时生理病害显著加重；肥料不均衡容易导致叶色变彩色、柄开裂，果实上水、裂果；春夏果在春分后气温变化剧烈时也容易造成采前裂果，

图27　台农17号（金钻菠萝）

1周左右商品果比例就会急剧下降。综上所述，该品种是优良品种，但是对水肥要求高，管理不善容易造成绝收，需要加强栽培管理。

栽培要点：

（1）适宜选择土壤pH4.5以上且含矿物质比较多的沙质土壤种植。种植地应缓坡或者排水良好。

（2）起垄种植，每亩种植3 000株左右。一般10月前后种植，苗高30厘米、重450克左右。种苗应晾晒1周左右种植。

（3）催花。定植10个月后待叶片老熟、茎秆到一定粗度再催花。用1.0%～1.5%电石溶液于晚上10时以后催花，连续催花2～3次，每次间隔2～3天。

（4）该品种对养分敏感，对微量元素比较敏感，对钾肥、钙肥需求量大。开花前后应该给植株喷施钙、硼等元素肥料，降低裂柄及水心病发生概率。

（5）抽蕾期间必须喷施以钙、钾为主的水肥，延缓果柄生长速度，降低裂柄比例。果实膨大后套袋。

（6）适时采果。最佳采果期应该安排在3～5月，采果前注意气温剧烈波动以防止采前裂果。

六、西瓜菠萝（曾用名 台农22号）

果实特大、丰产稳产。

株型直立，叶片绿色，叶缘上部有少量不规则短刺，叶背面有白绿相间的条带。果实圆筒形或扁圆形，小苞片和果眼结合紧密，看上去有5～10条褐色斜刀痕（俗称鸡爪印）；单果重1.5～4.0千克，成熟时果色暗黄，果肉淡黄色（图28），可溶性固形物含量15%以上，果肉多汁，酸甜、风味足。肥水充足条件下产量高。

栽培要点：

（1）西瓜菠萝适宜密植，每亩种植3 000～3 200株为宜。种植地缓坡或者排水良好。

（2）必须起垄覆膜种植，以方便排水。种植前在薄膜下要施足基肥、磷肥。

图28　西瓜菠萝

（3）将花期调节到5～6月，于9～10月采果，可以获得比较好的经济效益。催花用2%～3%电石水溶液灌心，连续催花2～3次，每次间隔2～3天。

（4）催花后1个月开始，喷药3～4次，预防小果心腐病。

（5）果实坐果1个月后，必须套袋，防晒伤。

（6）果实生长期间喷施一定量的钙、镁、铁等中微量元素肥料，减少裂果、上水等生理病害。

七、台农23号（芒果菠萝）

以台农8号×卡因种杂交选育而成。果实近圆球形，果肉呈黄色，似芒果果肉，口感细腻甘甜。

新近引进的高糖低酸品种。株高60～70厘米，株型矮小紧凑，叶宽、短，叶色暗绿，叶片边缘密布不规则的绿色短刺。果实近圆球形、冠小，春夏果多冠，果重1.2～1.5千克，果肉黄色，口感甘甜、浓郁、少汁，可溶性固形物含量18%～22%（图29）。该品种果实在春分后气温变化剧烈情况下也容易出现采前裂果，商品果比例有所下降。

栽培要点：

（1）种植在缓坡地或者平地，不适合种植在低洼地带。

（2）吸芽适当密植，每亩可以种植3 000～3 200株。

（3）电石、乙烯利均可以催花成功。该品种叶片短，在种植12个月

图29　台农23号（芒果菠萝）

后催花，方能保证果实的高品率。高温季节催花，其果实冠芽为明显的多冠现象。另外，无论用哪一种方式催花，都会造成底部外围老叶片顶部干枯，因此在保证催花成功的基础上，减少催花药剂的浓度。

（4）一年四季均可以生产。最佳采果期在5月份，3～5月果实口感甘甜，12月以后果实酸甜可口，可以用作冬季果和早春季节果种植。

（5）光照强烈的季节必须套袋护果。

（6）注重钾肥的施入，花前和果实生长期间喷施钙、镁、锰等中微量元素肥料。立春后，果实底色发黄即可采果，晚采容易裂果；夏季果容易受到小果心腐病危害，注意防治。

（7）冬春季节会偶尔出现果肉无味的现象。通过调整采收期，可避免这个问题。

八、台农21号（黄金菠萝）

以C64-4-117（无刺卡因×台农4号）为母本、C64-2-56（无刺卡因×Rough）为父本进行杂交育成。容易开花，果个小，果实甘甜多汁。

株型开张，株高80厘米左右，叶绿色，叶缘仅叶片尖端有小刺。果实圆筒形，果眼、苞片及萼片边缘呈皱褶状，平均单果重1.34千克，果眼略深；果实成熟时果皮转为鲜黄色，果肉黄色至金黄色，肉质致密，纤维粗细中等（图30），平均可溶性固形物含量18.4%，风味浓郁，鲜食性佳，但是在儋州地区夏季容易上水。

图30　台农21号（黄金菠萝）

栽培要点：

（1）适宜种植在土壤有机质含量高的缓坡地或者平地，排水必须良好。不适宜种植在低洼地带。

（2）起垄种植，每亩可以种植3 200株左右。

（3）容易开花，电石、乙烯利均可以催花成功。

（4）一年四季均可以生产。3～5月果实口感甘甜，但是容易上水，国庆节后果实上水少。12月以后果实酸甜可口，甜度高于金菠萝，可以调节到秋冬季采果。

九、台农4号（手撕凤梨）

神湾×卡因杂交选育而成。口感甘甜少汁，抗水心病。

株型直立，株高80～90厘米，叶片绿色、全缘有刺，老叶中上部有暗紫褐色彩色条带。花容易受低温、冷雨危害。果实依据果眼大小有大目和小目之分，小目果实大而呈长圆锥形、大目果实为近圆柱形。完全成熟时果皮为淡黄色，果眼稍平，果肉成熟时为淡黄色（图31），有花腔发育不充实现象。单果重1.5～2.5千克。果实口感甜，汁少，纤维多，可溶性固形物含量15%～22%。果实适宜采收期为2～12月。但是，果目发育不充实、春季果受到低温伤害后容易出现黑心，花期遇到冷雨，秋季果实

图31　台农4号（手撕凤梨）

果面容易出现勒痕。

　　该品种小目果果型大、口感好、产量高，是近年来品质较高的一个菠萝品种，在管理水平一般的果园果实也不上水，商品果率高，适合发展种植。目前，海南、广西、广东各地陆续引进种植，种植时应选用小目品种的吸芽苗。

　　栽培要点：

　　（1）该品种种苗最容易退化，种苗退化后果实小、果眼大，商品性能差。因此，必须在大果型的母本园选取吸芽苗。一般选择300 ~ 450克的吸芽苗种植。

　　（2）一般在10月份雨季即将结束时起垄种植。种植地缓坡或者排水良好。

　　（3）手撕菠萝植株生长旺盛，催花应选择在雨水较少的时期进行，并且至少提前45天停止施肥。

　　催花药剂的使用浓度、次数因季节而异，一般需要连续催花3次，每次间隔2天左右，前2次用1.5% ~ 2.0%电石水溶液灌心，第三次选用40%的乙烯利400 ~ 500倍液 + 2%尿素溶液叶面喷施。

　　电石催花一般于晚上10时以后开始进行到第2天清晨4时左右结束。催花时最低温度低于25℃最好，必要的时候加入冰水降低温度。电石催花必须在气泡如弹球大小时灌心，要迅速用完药剂，气泡小时则必须添加电石。乙烯利催花在白天避开高温则可喷施。

　　（4）果实生长期遇到高温季节，光照强烈，需要套袋护果。

十、冰糖红菠萝

幼果色泽鲜艳，观赏性能强，果实成熟后果肉甜如冰糖。

冰糖红菠萝是2007年从台湾引进的红皮菠萝体细胞变异中筛选出来的一个菠萝品种，经过不断地选优培育，目前已经开展推广种植。

冰糖红菠萝开花时花色鲜艳，幼果至果实成熟前色泽艳丽，可以观花、观果。果实成熟时期果皮从红色转为淡黄色，小苞片尚残留淡淡的红色，果肉黄色细腻（图32）。夏季口感清甜，可溶性固形物含量最高达22%，甜如冰糖，沁人心扉，故名"冰糖红菠萝"。该品种鲜有水心病发生。最佳采摘时期为即将退红期，冬季果实成熟时果皮色泽尤其鲜艳。

该品种是旅游景区的采摘果园、家庭盆栽的很好选择品种，也是网络销售一个很好的品种。目前，海南、广东、广西、浙江各地陆续引进种植，泰国也有引进。

图32　冰糖红菠萝

栽培要点：

（1）建园选择富含有机质的缓坡地，土层深度至少为60厘米，疏松透气，有机质含量高于1.2%，pH4.5～5.5的土壤，以黑褐沙质壤土为佳，有机质含量高，富含钾、磷、钙、镁。如果是砖红土壤，必须合理施用发酵的有机肥，以确保果实口感优质。

（2）种植时间。选用吸芽、裔芽宜在9～10月种植。

（3）种苗要求。适宜选用吸芽、冠芽种植。但是如果要尽早开花则可以选择大而茎粗的老苗种植，容易开花。

（4）种植密度。常规生长下每亩种植2 500～3 000株。采用大小行种植，一垄两行，大行距一般为0.7～1.1米，小行距0.4～0.6米，株距0.35～0.4米。观赏采摘则可以加大行距到1.5米以上。采用大小行种植，小行间用黑色地膜覆盖，大行之间覆膜或者清耕。降雨少的地区大行之间宜覆膜、覆草。

（5）肥水管理。开好定植沟（穴）后施足基肥，每亩施过磷酸钙50千克，并混合施入禽畜粪500～1 000千克或生物有机肥50～100千克＋花生饼或菜籽饼100千克＋钙镁磷肥50千克。

大田种植应灌水，遇到大旱天气再补充灌水，保持土壤相对含水量在50%～70%。种植2个月后，结合补肥，应该及时灌水，促进叶片分生、迅速长大。待催花前45天停止供水。

果实发育期遇极度高温干旱应适度灌水，防止老叶变黄，其他情况可以不灌水。可以采用行间喷灌或者小行薄膜下滴灌。雨季注意排涝。

（6）催花。催花时最低温度20～25℃最适宜，夜间10时到凌晨5时催花效果最好。用1.5%的电石水溶液催花2～3次。

（7）花果管理。本品种裔芽多，因此，在幼果生长期间，应该去除一部分裔芽，促进果实膨大。果实生长初期遇到低温阴雨天气，应及时预防小果腐烂病侵染。

（8）果实观赏与成熟采摘。冰糖红菠萝主要为观赏和鲜食水果，供应市场观赏时，则可以在开花前上盆，开花到果实成熟前3个月均可以观赏。果皮由橙红变淡红则为转熟期。在红色全部转为黄色后即可采摘，然后在通风处放置1～2天后即可食用。夏季高温季节果实品质最佳，口感似冰糖，秋季采果果皮红色显著。

十一、维多利亚（Victoria）

属皇后种。植株中等大，株型开张，叶宽，银绿色，有排列整齐的刺。果实圆柱形，冠芽比巴厘的稍大，平均单果重1.4千克；成熟果金黄色，果眼微突，果肉金黄色，纤维多，香甜多汁，鲜食口感佳（图33）；果肉可溶性固形物含量15%～22.2%，自然成熟时采收品质优异。该品种抗病、耐瘠薄、耐储运，综合评价优良，可以周年生产，是巴厘的一个较好的替代品种。

栽培要点：

（1）种植地缓坡或者排水良好，土壤有机质含量丰富，pH4.5～6.0。

（2）需要进行。起垄种植，每亩种植3 200株。

（3）注重营养生长期间的施肥，催花前40天停止施肥。坐果后喷施钙、铁、镁、锰等中微量元素肥料。

图33　维多利亚

（4）一年四季均可以采摘，可以安排早春采摘。

（5）容易催花。催花用乙烯利和电石均可，需要连续催花2次。

十二、红蜜

高糖低酸的短营养期品种，生长周期短。原名Josapine，由Johor（红西班牙×卡因的后代）×沙捞越杂交选育而成。马来西亚品种。该品种植株小，易开花，生产周期短，从种植到采摘12个月。叶片淡墨绿色，两边有灰紫色的彩带，零星有刺。果实短圆柱形，单果重1.1～1.5千克，夏季果实完全成熟时为暗黄色，果肉金黄且香郁（图34），果实可溶性固形物含量17%～22%，汁液中等，口感甘甜。适应性强，综合性能好。但是果实表面皮薄，非常容易受到损伤且不耐存放，主要在马来西亚国内种植销售。引入我国后春、夏果实口感非常优秀，是非常有前途的一个品种，即使冬季果肉也酸甜可口。

图34　红　蜜

栽培要点：

（1）选择缓坡地或者排水良好平地种植。

（2）一年四季均可以采摘，但是秋冬季果肉容易上水。

（3）植株小，可以适当密植。

（4）幼苗生长期间需要充足的水肥。

（5）催花采用乙烯利和电石均可以，喷施400倍的40%乙烯利水溶液＋2%尿素或者晚上用1.0%左右的电石水溶液灌心。

十三、金菠萝（MD2）

国际流行品种。果形端庄，果实耐放，果肉中富含维生素C。

植株半开张，叶片绿色、宽大、少刺。果实圆柱状，果肩明显，果眼浅，单果重1.5千克左右；成熟时果皮黄绿色，果肉呈橙黄色（图35），有清香味，口感爽脆、香甜，可溶性固形物含量14.6%～15.5%，每100毫升果汁维生素C含量91毫克，而每100毫升橘子汁维生素C含量为35～50毫克，无刺卡因类菠萝仅为10～15毫克。果汁量中等，果实耐储运。该品种综合性状优良，栽培管理方便，是鲜食、加工均适宜的优良品种，是沙捞越的优良替代品种，适合海南南部种植。

图35　金菠萝（MD2）

栽培要点：

（1）该品种对肥水要求比较高，适宜种植在肥水条件比较好的区域。每亩种植3 200株左右。

（2）选择400～450克的吸芽种苗，种苗晾晒5天左右后种植。

（3）生产中容易感染心腐病和小果心腐病，可用甲霜灵及时防治。

（4）容易催花，电石和乙烯利均能催花成功。催花前40天停止施肥、灌水。

（5）果皮变为淡绿色，果眼变淡黄即可以采摘。近距离上市可以到两

排果眼中部变黄采摘。

（6）采收期适宜安排在3～5月和10～12月。果实生长期阳光强烈时需要套袋护果。

十四、沙捞越（Sarawak）

属于卡因类品种，果实耐放、耐高温。该品种植株较高大而健壮、直立，一般株高70～90厘米，冠幅116～150厘米。叶大而宽，叶两侧绿色，中部呈紫红色，叶缘无刺仅叶尖有少许刺。单果重1.5～2.5千克，长筒形，果眼浅，完全成熟时为黄绿色，果肉淡黄至橙黄色（图36），多汁、酸甜可口、微香，果肉纤维较多且粗，可溶性固形物含量13%～18%。晚熟品种，是鲜食和制罐的两用良种。该品种抗性强、适应性广，目前非洲地区仍然种植该品种，国内仅有零星种植。

图36　沙捞越（Sarawak）

栽培要点：

（1）适宜种植在肥水条件比较好的缓坡地或者平地。

（2）每亩种植3 200～3 500株。

（3）选择400～450克的吸芽种植，晾晒5天左右后种植。

（4）不容易催花，催花前45天停止施肥、灌水。选用电石或乙烯利催花，连续进行2次以上催花才可以成功。

（5）果实适宜采摘期为3～10月。果皮淡绿至两排果眼黄即可以采摘。

第九章　菠萝栽培技术

一、建园

菠萝属于热带水果，喜光、热，气温低于 20℃ 则生长不明显，高于 36℃ 则停止生长，28℃ 左右最适宜生长。所以，世界上盛产菠萝的区域基本为沿海。种植菠萝应该在距离海岸线 100 千米以内为佳，这样温度变化不剧烈，有利于菠萝生长。

种植园应该选择在背风向阳的缓坡地带或者排水良好的平地，禁止在低洼地种植菠萝。菠萝根系浅生、好气，选择疏松、富含有机质、pH 5.0 ~ 5.5 的沙质壤土或山地红土种植较好。酸性太强的土壤不利于菠萝生长，还可以诱发多种病害及其生理病害，选用土壤 pH 5.0 以下的土壤种植菠萝必须进行土壤调理，并选用农家肥和土壤调节剂做底肥。

另外，选择种植区域时应注意，一般以巴厘为代表的皇后类品种耐瘠薄和干旱，以金菠萝、金钻为代表的卡因类对水肥条件要求比较高，香水菠萝比较耐瘠薄和高温，而金钻菠萝对矿物质需要大，适宜选择排水良好、矿物质含量高的土壤。

二、整地、起垄

种植地需要两犁两耙翻耕处理，中间间隔至少 1 个月，促使土壤充分熟化。除去大石块、残留的薄膜等杂物，然后机械起垄，垄宽依据种植密度而定、垄高 30 ~ 40 厘米（图37）。

图37　整地起垄

三、施足底肥

起垄后施足底肥，主要包括生物有机肥和磷肥。高密度种植可以多施肥，减少追肥次数，这种施肥方法在海南东部老种植区域非常普遍。对于pH 5.0以下的土壤，建议使用土壤调节剂或者生石灰，减少酸度对于植物的危害。土壤改良剂硅钙钾镁肥的施用对于调节酸度有较好的效果，每亩用量为60～90千克。

四、膜下铺滴管带

起垄施肥后，拟进行水肥一体化的果园可以先铺好喷带，然后覆黑色地膜。地膜的膜孔按照种植株行距进行打孔。

五、种植密度

一般采用宽窄行起垄种植的方法，大行距80～110厘米，小行距40～50厘米，株距30～40厘米，株距可随密度而变化。

六、种苗选择

选择好的种苗是菠萝种植成功的关键之所在。最好选择450克左右、高30厘米左右的吸芽苗进行种植，这样的种苗叶片发育成熟，芽点发育充实，不容易早花。种苗种植时必须按照大小分级、分类种植，方便管理。吸芽苗最好采摘后倒置晾晒根部3～5天后种植。种苗最好不要堆放，种植前剥掉根部老叶，切见根点（图38）。如采集后堆放必须按照底部向上的原则在不积水的区域堆放，堆放过的种苗缓苗期长，容易暴发苗期心腐病，种植后应喷施甲霜灵等药剂进行预防。

| 吸芽采后晾晒3～5天 | 种苗严格分级种植 |

必要时科学堆集存放

切见根点浸泡药剂种植

图38　种苗分级处理

近年来粉蚧发生严重，必须从无病虫母株采集种苗，种植前用毒死蜱等防治粉蚧的药剂浸泡种苗根部1分钟后控干种植。

七、种植时间

菠萝四季均可以种植，但是由于菠萝种植需要一定的土壤湿度，所以一般选择雨季结束之时，在海南主要是选择在10～11月种植。此时，大台风稀少、降雨减少、温度适宜，土壤中的含水量可以满足幼苗生根固土，又可以减少病菌侵染。

八、施肥

1. 菠萝需肥特性

菠萝吸收肥料以钾的吸收量最多，氮次之，磷最少，中量元素肥料对钙和镁的需要量比较大。每生产1 000千克菠萝果实需要吸收氮（N）3.7～7.9千克，钾（K_2O）7.2～20.8千克，钙（CaO）2.2～5.2千克，磷（P_2O_5）1.1～15千克，镁（MgO）0.25～0.78千克。

在不同生长期，菠萝对养分的需求有所不同。从定植到结果前属营养生长期，施肥应以氮肥为主，磷、钾肥为辅，促进菠萝叶片抽生，增加叶片数和叶面积，为生殖生长打下基础。从定植到花芽分化前，氮、磷、钾的比例为17∶10∶16，以氮、钾为主；抽蕾至果实成熟是生殖生长期，施肥以钙、钾肥为主，氮、磷肥为辅，氮、磷、钾比例为7∶10∶23。

除大、中量元素肥料外，施用微量元素肥料对菠萝生长和产量也有一定影响。叶面喷施铁、锰、锌对菠萝生长和产量有一定影响，铁可以提高菠萝的光合作用。

卡因类对养分需求大于皇后类。因此，以金菠萝和台湾凤梨系列为代表的卡因类品种对养分的需肥量明显高于皇后类的巴厘品种。不同品种之间对肥料的需求也有差异，金钻菠萝对钾肥和钙肥等矿物肥需求非常敏感，稍有亏缺就会在叶片色泽表现出来。

2. 肥料种类

肥料主要通过基肥或者追肥的方式施入。基肥一般为有机肥、磷肥或复合肥等长效肥料，有机肥料的效果依次为花生麸＞鸡粪＞水肥＞复合肥。追肥主要用复合肥、叶面肥、微量元素肥料等。不同种类肥料的效果存在一定的差异，黄腐酸钾、磷酸二氢钾是在菠萝上表现比较好的追肥。

菠萝喜中微量元素，如钙、镁、锰、铁等。基肥充足、催花前管理良好的果园，植株长势良好，后期可以不施氮、磷、钾等大量元素肥料，但是必须追施钙、镁、锰、铁、硼等中微量元素肥料2～3次，以提高光合作用、防止果实和植株缺素。对于容易裂果的高糖低酸品种如金钻，在开花前后均需要多喷施钙、硼等中微量元素。

3. 施肥方式

基肥在开好定植沟（穴）后施入。种植密度大的果园施肥应该以种植时一次施足肥料为主。

追肥分根际追施和根外追施两种。

（1）根际追施

①将肥料撒施于菠萝根部附近土壤表面，之后淋水或者雨水灌溉。堆

施是海南东部传统施肥方法，海南东部降雨大且频繁，果农常将肥料堆放在根部附近，利用自然降雨促进根系吸收养分。

②将肥料溶于水，用施肥枪将水肥注入菠萝根部土壤中。此方法能将肥料充分施入土壤，利于菠萝植株根系吸收，效果较好。缺点是较为费工费时。

③水肥一体化。建园时在垄面上覆盖薄膜，在薄膜下铺设滴管，建立水肥搅拌池，将肥料溶于水中，运用设备将水肥混合液通过滴管输送到植株根部附近土壤进行施肥。水肥一体化施肥技术能够实现大面积的自动化管理，减少人工和肥料投入，提高产量和品质。

（2）根外追施　根外追施即喷施叶面肥，多用于钾肥、微肥等肥料的追施。

喷施一般用多头喷雾器施肥。基部叶片的叶龄在5个月以上的，可以将肥料置于基部叶片腋间附近的叶面上，通过灌水或者降雨促进养分吸收。

4. 菠萝施肥量

施用氮、磷、钾肥对菠萝均有增产效果，菠萝施肥增产、增收效果以及对产量的贡献率均表现为氮＞钾＞磷。

不同时期菠萝施肥的目的和施肥量不同。具体施肥量参考如下：

（1）基肥　基肥在开好定植沟（穴）后施入。每亩施过磷酸钙50千克，并混合施入禽畜粪500～1 000千克或生物有机肥50～100千克＋花生饼或菜籽饼100千克。

（2）壮苗肥　植株开始抽生新叶至长出4～5片新叶期间，分2～3次选用高氮型复合肥料追肥，每亩每次不超过20～30千克；中苗期后分2次施肥，第一次每亩混施尿素20～30千克＋硫酸钾10～15千克，第二次每亩混合施入尿素15～20千克＋硫酸钾20＋过磷酸钙50千克。催花前1个月停止施肥。

（3）壮蕾肥　在催花现红点后，每亩用复合肥20千克＋硫酸钾10千克混施。对于容易裂果和裂柄的金钻菠萝，此时必须施入含有钙、硼等元素的微肥。

（4）壮果肥 抽蕾后，每亩用复合肥20～30千克＋硫酸钾10千克混施。

有研究认为，金菠萝、沙捞越施肥量比普通巴厘品种高13%～15%，芒果菠果、黄金凤梨施肥量比巴厘减少10%～15%，台农11号、台农16号、台农17号施肥量与巴厘相同。金菠萝施肥应提高氮肥的比例，沙捞越和台农16号应提高磷肥的比例。针对金菠萝品种提出了水肥一体化或者固体化肥使用后灌水或依靠自然降雨的推荐施肥量（表2、表3），其他品种可以相应地依据具体品种需肥特性进行调整。

表2　国外金菠萝水肥一体化推荐施肥量

推荐施肥	施肥时期（周）	氮投入（克）	磷（P_2O_5）投入（克）	钾（K_2O）投入（克）	镁投入（克）	钾／氮
每株3～6克磷肥，10～14克白云石			1～2		2～3	
在每次应用期间，每株施1.09克尿素（N 0.5克）、2.2克硫酸钾（K_2O 1.1克）	4	0.5		1.1		2.2
	10	0.5		1.1		2.2
	15	0.5		1.1		2.2
	20	0.5		1.1		2.2
	24	0.5		1.1		2.2
	27	0.5		1.1		2.2
	30	0.5		1.1		2.2
	32	0.5		1.1		2.2
催花后	34	4	1～2	8.8	2～3	2.2

表3　国外金菠萝固体肥料推荐施肥量

推荐施肥	施肥时期（周）	氮投入（克）	磷（P_2O_5）投入（克）	钾（K_2O）投入（克）	镁投入（克）	钾／氮
每个时期，每株施肥（氮、磷、钾、镁配比11-5-27-5）7.25克	4～5	0.8	0.36	1.96	0.36	2.45
	9～11	0.8	0.36	1.96	0.36	2.45
	15～17	0.8	0.36	1.96	0.36	2.45
	20～22	0.8	0.36	1.96	0.36	2.45
	26～27	0.8	0.36	1.96	0.36	2.45
催花后	30	4	1.8	9.8	1.8	

九、除草

整个种植周期共进行4～5次人工除草作业，前期主要靠人工除草，雨后利用土壤有一定的湿度从根部拔起位于植株底部和地膜之间长出的草，没有覆盖的行间前期除草主要依靠人工或者喷施除草剂完成。后期封行后杂草生长量变小，可采用人工除草，然后将其带出种植区域。严禁将杂草堆放在生长菠萝的顶部，并确保操作后不留杂草和零再生。

除草剂主要选用敌草隆、莠灭净、莠去津、草胺膦，选用两种混合喷施效果会更好。必须在无风的时间定向喷施除草剂，穿好防护服和手套。

十、灌水和排涝

1. 灌水

菠萝耐旱，正常年份的降雨能满足其生长和丰产的需要。但是，每年国庆过后进入旱季，直到来年5月，此期间降雨稀少，干旱时间长达6～7个月，作为商业生产必须进行灌水，以促进植株的营养生长和果实生殖生长。

干旱期间的菠萝灌水主要通过膜下喷灌带或水肥一体化的管道配合施肥进行，也可以后期在行间安装黑色喷带喷水。试验表明喷灌是比较经济方便的一项灌水技术。国外大型农场多安装移动喷灌设施进行灌水。

菠萝应该在幼苗种植后喷灌1次定植水，此后遇到干旱季节20天左右灌水1次。每年的3～5月是高温干旱期，适时灌水可以降低土壤温度，保护根系和植株的正常生长，灌水时间一般选择在下午4时以后到第二天上午10时以前。果实生长中后期停止灌水有利于提高果实品质。

2. 排涝

菠萝喜干旱，过量的降雨或者积水会导致菠萝生长发育停止，果实生长不良和病虫害发生。因此，在坡地种植菠萝只需要保证降雨后短期内雨水能及时自动排出，平地建园必须起垄和深挖排水沟，排水沟深度低于垄沟30～40厘米，这样可以避免积水、减少根部病害。

十一、催花

种植 8 ～ 10 个月以后，当叶长超过 30 厘米的叶片数量达到 30 片以上、植株中部下外叶片老熟、茎秆达到一定粗度，植株就达到催花条件，遇到适当的温度即可催花。选择最低温度 20 ～ 25℃ 时进行催花。

容易催花的品种如金菠萝、香水菠萝、巴厘等可以选择叶面喷施 40% 的乙烯利 400 ～ 500 倍液 + 2% 尿素，催花 2 次，每次间隔 2 ～ 5 天。

不容易催花的甜蜜蜜、金钻等品种，可以选用 1% ～ 2% 的电石水溶液灌心催花，催花时间应选择晚上 10 时以后至次日凌晨 5 时以前，催花 2 次，每次间隔 1 ～ 2 天。难以催花成功的冬蜜凤梨需要催花 3 次以上。为了提高果实品质和催花效果，容易催花的品种也可以选用电石水溶液催花。

1. 乙烯利催花

生产中，巴厘、神湾、金菠萝、香水菠萝这些容易诱导成花的品种常用乙烯利催花。

种苗在种植 8 个月以后，产生 4 ～ 5 轮叶片，叶片数量达 30 片以上、厚而色浓，茎秆达到一定粗度，植株生长开始变得缓慢，就达到可以催花的状态。乙烯利催花可以在清晨或者下午叶片气孔开放时进行，气温不高、阳光不强时全天可以催花。催花多采用 40% 乙烯利 400 ～ 500 倍液 + 2% 尿素，用高压喷枪或者喷雾器将药液均匀喷布植株茎四周的轮叶，喷雾压力越大效果越好。

金菠萝、香水菠萝用乙烯利催花在高温下容易产生多头（冠芽），添加尿素可以减少多头现象。乙烯利催花的果实纵横比加大，果形瘦长，果眼变大。

乙烯利催花作用还与温度、光照、湿度等外界环境条件有关，因此在使用中务必注意这个问题。温度高于 30℃ 或者低于 20℃ 作用效果下降明显。每年 7 月左右难以催花成功，而 11 月以后催花效果显著下降。光照条件好有利于植物吸收和利用乙烯利。

2. 电石催花

电石投放到水里可以产生乙炔，乙炔是一种很好的催花试剂，比较难催花的可以用电石催花。电石催花一般在晚上进行，需要催花2～3次才能达到催花效果，每次间隔2～3天。一般用量为1.0%～2.0%，第一次催花电石用量相对大点，接下来可以用量小一点。

电石催花的具体技术要点如下：

（1）催花前植株必须达到乙烯利催花所需求的生长状态，傍晚最低温度低于26℃。

（2）时间。催花一般晚上11时以后开始，到第二天凌晨4时结束。2～3天再处理一次，以提高催花效果。

（3）电石质量要求符合GB 10665一等品及以上的质量标准，出气量≥280升/千克。

（4）电石催花前需要预备好电子台秤、储备电石的小容器、小动力装备（小马达）以及备用的药桶、清水、汽油、头灯。

（5）电石水的浓度为1%～2%，即200千克的水中加入2～4千克的电石。

（6）建议采用塑料桶配制溶液，不能用铜制的容器，电石与铜接触会有爆炸的危险。

（7）如果桶不是密闭的就不用搅拌，放进电石用量的4/5，让其自然发生气体。桶如是密闭的，加入电石后应轻摇晃桶数下。

（8）等待桶内大泡变小泡（弹球大小）、翻滚不剧烈后开始灌心。灌心期间应有专人不断加入剩余的电石，使用时不需搅拌，以防止气体散失。容器盛水的量不能超过250千克，喷灌必须尽快完成。

（9）应选择叶片数量多、茎粗、叶片心部张开的植株灌心。每株株心灌药剂50毫升，灌满为好。一般每亩地电石用量3～3.5千克。

（10）如果技术不熟练，最好雇佣专业的催花服务队伍来催花，以免发生意外。

（11）大面积果园乙炔催花对操作人员素质要求比较高，个头在1.6米以上才方便操作。工作时禁止吸烟、禁止有明火出现，否则容易发生爆炸。操作人员必须佩戴口罩，防止药液进入口、鼻、眼。如果感觉不适，应停止催花而休息。

（12）催花后30～40天检查成花情况。

3. 乙烯利与电石催花之不同

乙烯利催花一般选择40%的乙烯利，催花白天即可以进行，简单方便，适合容易催花品种和复杂地形。不容易出花的品种如台农13号、台农17号等需要在最低温度为25℃以下催花。

乙烯利催花是喷植株叶片，而不是灌心，只有高温季节才施加灌心措施。催花后株心见红时间短，比电石催花早7天左右出花。为减少对花器官的危害，促进花器官发育充实，应尽可能添入2%的尿素，以提高催花效果，降低香水菠萝、金菠萝等品种的双冠、多冠果实比例。乙烯利催花随着浓度升高效果增加，但是长果梗、塔形果实比例高，果眼变大，容易出现水心果。

电石催花一般针对催花比较困难的品种，常见的如台农13号、台农17号、台农16号、台农22号。在温度相对高的夜晚作用好于乙烯利催花；催花时间和乙烯利也不一样，一般需要在夜晚气孔张开的时候进行，采用灌满植株株心的方法，操作难度大。比乙烯利催花出花晚1周左右，但是花器官发育缓慢、成花质量好，果形指数高于乙烯利，也就是果实看起来纵径大。果眼相对多而小，果眼旁的小苞片长，这点在金菠萝上特别明显，果实上水和裂果比例低，果实品质相对好。但是长久电石催花，操作人员容易感觉呼吸不适，电石遇到火还容易发生爆炸危险。

十二、防晒

生长期在清明节到国庆节间的果实，果肩部分容易在高温强光下晒伤，果面凹陷、腐烂而失去商品价值，也可能导致果肉水浸状（上水）。因此必须进行套袋或者整垄覆盖遮阳网，降低果面温度。

应选择坐果1～2个月后的果实进行套袋，套袋材料一般选用牛皮纸袋。遇到夏季高温，可以采用单层黑色遮阳网整垄覆盖的方式进行护果。

十三、生理病害的防治

1. 裂柄

菠萝株心见红后20天左右花序会抽蕾。在抽蕾期间，花序柄随着开花坐果会发育成果柄，在花序抽蕾期至开花前会出现T形或者"环状"断柄，称作裂柄。断柄主要在南向发生，严重情况可以导致整个果柄发生"环形"皮层断裂，导致果实歪向生长，果冠焦枯、果实腐烂。裂柄主要发生在台农17号（金钻菠萝）上。

气候是导致裂柄的主要原因。同一块地，有些年份无论喷施钙等微量元素与否都不裂柄，有些年份不同施肥处理均出现裂柄。

裂柄也与植株生长状态有关。植株生长势中等、果柄长的不容易裂柄；二茬果花期未见裂柄现象。

缺肥是导致裂柄的另外一个主要原因，试验表明并非为单一元素导致。有机质含量低、土壤pH值低的土壤种植菠萝容易出现裂柄。裂柄与果柄中的氮/钙比值有关，比值越大开裂越多。也与缺铜有关。

土施硝酸铵钙、骨粉、钙镁磷肥等均可以降低发生概率。喷施钙肥、钾肥及铜、镁、硼等微肥均能降低裂柄率。叶面喷施一般选择吸收利用率高的糖醇钙、氨基酸钙、乳酸钙、骨粉等加硼、镁，于见红前后至初花期喷施2～3次。

2. 水心病

水心病是由于果实发育过程中受到低温、高温或者过多的养分胁迫成果肉细胞受到损伤，导致成熟时细胞壁破裂，细胞间的内容物融合，果肉呈现水浸状的一种生理病害。高温情况下会散发酒糟味道，完全丧失经济价值。该病在金钻、金菠萝、冬蜜上最为严重。幼果坐果后1个月左右遇到低温、果实成熟前1～2周遇到高温天气最容易发病。

防治方法：

（1）科学种植。选择pH 5.0以上的轻度沙质土地建园，增施钙镁磷肥和土壤改良剂，起垄覆膜双行种植，垄间行距相对宽点，每亩种植不超过

2 700株。

（2）重视平衡施肥。针对金钻喜欢钾肥、钙肥的特点，多施钾肥和钙肥，保持叶色正常。

（3）适时催花。催花选用1.0%～1.5%的电石多次催花，提高果形指数和小果数目。

（4）增施钙肥、硅肥、硼肥。催花前后喷施3～5次的钙肥和硼肥，提高花芽发育的质量，促进果肉细胞发育致密。4%骨粉水溶液喷施在菠萝上有比较好的效果。

国外研究认为，从采摘前10周喷施钙肥、从采摘前6周喷施硅肥至果采摘，可以提高果实矿物质含量，显著降低水心病发生率至5%。细胞壁分析表明，高钙和硅离子的吸收对于降低透明度发生率至关重要。

（5）避免单一施用钾肥。坐果后单一喷施3～5次钾肥可导致水心病发生。

（6）合理安排果期，幼果发育期避开大寒节气和寒潮。

（7）幼果膨大后套袋，防止后期果面暴晒。

（8）临近果实成熟期将植株的外围中下部叶片砍去1/3，可以降低水心病的发生率。

（9）适期采收。催花的果实果肉一半变黄即可以采摘。

3.裂果病

裂果是指果实生长后期，果眼之间产生缝隙，并且裂缝不断地加大，果实失去商品性能。该生理病害主要发生在台农17号、芒果凤梨、西瓜凤梨上，香水菠萝在个别年份也会发生裂果症状。

裂果与某些果实性状（果实形状、大小、硬度，果皮的解剖结构和强度、角质层特性、水分含量等）之间存在一些相关性，果肉容量和果实生长阶段等也会影响裂果。此外，果园管理（如灌溉和营养）和环境条件（如温度、风和光）也会影响果实裂果。

目前减少裂果的最佳方法是科学的果园管理，尽量减少导致裂果的水分、营养和生理因素的压力。此外，可以选择具有理想果实品质的抗裂品种进行种植。

台农 17 号产生裂果的主要原因是在高糖品种遇到极端高温，果面超过 36℃后，见光的一面果皮抗氧化酶活性显著降低，抗性下降，果皮细胞撕裂开来；也有长期干旱遇到短时间降雨导致果肉细胞吸水过多，果肉和果皮体积变化不一致而引起的裂果。

研究发现，缺钙容易导致果实果皮个别果眼之间开裂。金钻催花药剂建议不用乙烯利，用了容易裂果。连续多次使用低浓度的电石催花，可以提高果形指数。果形指数高、果眼相对小、果皮比较厚、水肥供应比较及时的果实裂果比较少。

喷施钙、硅、镁肥均能提高抗裂性。适期采摘、果实采收期避开强烈的气候变化也是一项有效措施。

4. 倒伏

常见的果实倒伏品种为台农 16 号，西瓜菠萝有时候也会发生倒伏现象。

倒伏主要是由于前期果柄发育不致密，后期硬度不足以支撑果重引起的。台农 16 号的果柄长度超过 30 厘米，果实成熟时容易倒伏。倒伏也可能是根系发育不良、果实过重导致的，西瓜菠萝就是这样。果实生长的前期和中期喷施骨粉等钙肥以及钾肥，可以防止台农 16 号倒伏。

十四、病虫害防治

一般情况下，菠萝病虫害发生比较少，用药量也比较少。菠萝的主要病害是心腐病、凋萎病、叶斑病，主要虫害是粉蚧。病虫害的防治必须在危害到经济产量的情况下开展。

1. 主要病害防治

（1）菠萝心腐病

病症：该病由多种真菌危害引起，主要发生于幼苗期，侵害叶片的幼嫩部分，造成植株心部奶酪状软腐，心叶极易拔起（图39）。也可以危害植株根部，造成根部干枯坏死，植株枯萎变黄，还可以通过果柄感染果实（图40）。

图39　菠萝心腐病在叶片上的症状

图40　菠萝心腐病根部和果实的症状

　　发病规律：种苗带菌是此病发生的主要侵染源。病害的发生与土壤、温度和降雨频率关系较大，高温、多雨季节种植菠萝发病严重。种苗堆积过久、土壤连作、过酸、黏重或排水不良的果园发病早且较严重。菠萝心腐病是一种苗期病害，在金菠萝、甜蜜蜜幼苗期以及种苗堆积后种植容易

发生，其他品种如香水菠萝、西瓜菠萝的根部也受侵染。

防治策略：

①种植地宜选择透气性好、排水良好的土壤，起垄栽培。

②选种健壮的无病苗，种植前3～5天根部倒置日晒、干燥，除去心部积水，然后种植。晒苗处理既能杀死病原菌，又可使伤口失水结疤而防止土壤中病原菌的侵入。

③种苗可以用58%甲霜灵·锰锌500倍液浸泡处理后晾干再种植，种植后1个月内喷施58%甲霜灵1～2次。

④发现病株后及时拔除并烧毁病株，然后土壤用石灰消毒，再补种。

（2）小果心腐病

病症：菠萝果实是由很多小果聚合而成，每个小果由一朵花发育而成。受病原侵染小果前期没有差异，成熟时果眼变褐并随果实成熟而下陷，内部组织从表至小果中心变褐（图41），如果全部小果均受侵染发病，果实失去正常的绿色，果实内部褐变，后期整个果实变成袋状，外部坚硬，称为"皮袋果"。

图41　小果心腐病

发病规律：病菌存活于土壤残渣中，通过未角质化的花器官或各种伤口进行侵染危害，花开放期间和未角质化之前都容易受到侵染。开花期间低温（16～20℃）有利于病菌侵染，果实成熟前遇到高温天气发病率高。

防治策略：

①种苗用0.1%的敌菌丹或者0.05%的乙硫磷浸渍3分钟。

②催花后40天起，用0.1%苯来特、噻菌灵或者40%氟啶胺喷雾，每

隔15天喷1次，必须直接喷心叶或者花序的顶生叶，直到花期结束为止。

③小果开始分化时，每亩可用苯来特或噻菌灵17克（有效成分），或敌菌丹47克（有效成分）喷施果面，20天1次。

（3）菠萝凋萎病

症状：是菠萝生产危害最严重的病害。地上部先是叶尖表现失水、皱缩，叶片逐渐褪绿变黄，随后变红色，造成整株叶片凋萎，严重时全部菠萝田会呈现苹果红色，病株显著缩小，叶片边缘向下反卷，甚至整株枯死（图42）。菠萝粉蚧是病毒传播的主要途径。

发病规律：干旱季节容易发病。应选择不带粉蚧的种苗种植。各个龄段的菠萝粉蚧虫体均可携带传播病毒，幼虫的传毒力较成虫强。粉蚧传染病毒后在潮湿条件下发病较慢，在干旱条件下，表现症状较快，潜伏期15天至几个月。海南多发生于11月至翌年4～5月；广西多发生在9～11月和翌年春季3～4月；广州多发生于10～12月。地下害虫如蛴螬、白蚁等危害菠萝地下根茎部，从而加重凋萎病的发生。新开荒地发病少，熟地发病多。

图42　菠萝凋萎病症状

防治策略：

①严格选用健康壮苗，尽量使用脱毒健康种苗。

②控制传播媒介，在生产过程中喷施吡虫·噻嗪酮、螺虫乙酯、噻虫酮、毒死蜱、杀扑磷（速扑杀）控制菠萝粉蚧。也可以采用毒死蜱＋氟啶

虫胺腈，或螺虫乙酯＋噻虫酮＋毒死蜱的组合控制菠萝粉蚧。

（4）根腐病

症状：该病在苗期零星或者小范围内发生，根部出现浅红褐色不规则的斑块，随着病情的发展，病斑逐渐扩大，颜色逐渐变深呈暗褐色，根系坏死变褐。地上部分，发病初期外叶叶缘发黄、变褐、坏死至卷缩，病株表现缺水状，生长变缓，最后全株枯黄死亡（图43）。

图43　根腐病症状

发病规律：该病主要由腐霉和疫霉引起，降雨多或者以前有发病的地块严重。此病害多发生在手撕凤梨、香水菠萝和西瓜菠萝上。

防治方法：

①选择排水良好的田地或者缓坡地种植，平地种植菠萝必须深挖排水沟。

②可用53%金雷多米尔水分散粒剂、甲霜灵＋乙磷铝防治，或者用大生M45灌根防治，也可选择多宁或科博随水冲施加以防治，每亩用药量1千克左右。此外，出现植株死亡后，除将其拔除掩埋外，还要对原病株穴土壤进行杀菌处理，如撒施石灰等，然后补苗。

2. 主要虫害防治

（1）菠萝粉蚧

危害症状：受害植株叶片退绿变黄呈紫红色，部分叶片叶尖干枯，随后叶片变软，甚至全叶干枯。被害根生长停止，严重变黑、腐烂（图44）。菠萝地的蚂蚁数量与粉蚧对菠萝的危害程度密切相关。

图44　菠萝粉蚧

发生规律：粉蚧是菠萝最严重的害虫，主要在菠萝根冠或果实上危害，巴厘、甜蜜蜜、金菠萝等品种最容易受到危害。

防治方法：

①植物检疫是防止菠萝粉蚧传播扩散的有效途径。种苗浸泡处理杀灭虫源可有效防治菠萝粉蚧，对新植菠萝园效果尤为明显。

②也可采用吡虫·噻嗪酮、毒死蜱、杀扑磷（速扑杀）控制菠萝粉蚧。

（2）白蚁

危害状：白蚁蛀食植株皮、茎秆、根部和果实，危害严重时，使地上部枯死。果实成熟时爬行于果实皮上和果蒂部位，给销售和运输带来较大的困惑。若咬伤人的皮肤，可以用肥皂水或者风油精涂抹消除疼痛。

发生规律：丘陵旱地的菠萝地有白蚁发生并危害，但以红壤、黄壤园地发生白蚁较多，危害较重。干旱是白蚁危害严重的重要条件，在干旱季节，白蚁以增加取食来弥补需要的水分。靠近白蚁群较多的荒山野林的菠萝园或在灌木杂草丛生地段新开垦的菠萝园，常发生白蚁危害。

防治方法：

①新建菠萝园，在开垦后、犁耙整畦前，用防白蚁药均匀撒施在地面上，然后用犁耙地整畦，以杀死土中的白蚁群及其他地下害虫。

②定植时把苗的枯叶剥除，可减轻白蚁危害。

③寻找蚁巢，消灭巢群。在蚁巢外周放置茚虫威饵剂，一般每蚁巢使用15～20克，用量可按蚁巢大小增减。还可以用高效氯氰菊酯粉剂拌巢土，每巢5～10克，用量可以按蚁巢大小增减。

十五、催熟

对于台农系列品种，不提倡催熟，但是在实际销售过程中，采购商往往要求催熟。自行销售的或者收获面积大的果园不需要催熟，分批采摘就可以满足销售运输量的要求。

外源激素在菠萝生产上用于催熟，已较为普遍，乙烯利催熟效果较好。秋、冬季果采用乙烯利催熟，不仅使果肉色泽良好，而且还能提早成熟，同时果实成熟较一致，便于采收，减少用工，降低生产成本。催熟时的果实成熟度，一般掌握在有七成熟时进行。按抽蕾至催熟时的天数算，夏果约在100天，秋果110天左右，冬果120～130天。催熟过早，品质差，产量下降。

乙烯利催熟的使用浓度为1 000～1 500毫克/升。经催熟处理后，夏果一般7～12天果皮转黄即可采收；冬果则由于气温低，在晴天白天气温达23℃以上时，也要15～20天果皮才转黄。

经乙烯利处理的果实，采收后应及时进行销售或加工，否则容易发生因多酚氧化酶引起的生理性"黑心"。另外，由于经乙烯利催熟的果实，呼吸作用明显增强，因而失水现象在采后尤为明显，作外运时应注意保鲜。

乙烯利催熟使用的浓度较高，药液喷到小吸芽苗上，容易发生小吸芽早抽蕾现象，所以，操作时应细心。

十六、适时采收

果实成熟时外观表现为果眼变平而饱满、果缝变浅、小苞片贴近果眼，果眼色泽从下而上依次变黄，果缝色泽变淡绿；同时，果肉也发生生理变化，表现为果肉从白色转变为黄色（牛奶菠萝例外），酸度降低，糖度增加，透明度增加，汁液变多，有些品种散发香气，达到该品种固有的品质。

果实采收的成熟度由品种特性、耐贮运性、天气情况、终端市场的距离和近期市场行情而决定。一般来说，最简单的方法是临近成熟时，将果实切开，催花的果实下半部分变黄就可以采摘；自然成熟的果实，2/3变黄采摘。

外销果实应六七成熟时采果，具体到不同品种略有差异。甜蜜蜜可在果眼变平、果缝变浅、果皮从墨绿变为淡绿色且尚未变黄的时候采收，高糖类品种如金钻、黄金菠萝、冬蜜等容易上水的品种，采收前摘果剖开果肉观察决定采收期，遇到采前温度低于15℃或者高于35℃的气温必须提前采收，以防止后期果实水心、裂果。采收前连日干旱可以提高果实品质，采收时遇降雨后2小时，果实口感即下降。

其他品种早春采果果实底部有1/2排果眼变黄、夏季采果1/3排果眼变黄为成熟采收标准。也有些果实外皮并非从下往上依次成熟，而是看果眼中部泛黄即可，因此要多积累经验判断成熟和采取时间。外销果必须在七成成熟左右采收。夏季常温下，一般菠萝存放置时间7天左右。巴厘、香水菠萝耐放，可以在果身发黄后采收。

采收前必须联系好销路，签订销售合同，按照销售市场的距离和销售方的要求进行采收和包装。销售必须签订合同，结束时做到货款两清，同时跟踪市场反映，为下一茬种植品种和采摘期提供借鉴。

十七、采收后果园管理

果实采收后吸芽生长迅速，根据需要选择发育良好的吸芽苗后，用机械将老苗打碎旋耕，将地休闲几个月，待下茬种植。

种植多年的果园，应进行轮耕，轮耕可以选择短期作物进行。轮耕的果园菠萝叶片中氮含量高，增产显著。

附录1　海南名牌农产品　菠萝

（DBHN/ 009—2014）

1　范围

本标准规定了海南名牌农产品菠萝的术语和定义、生产管理、试验方法、检验方法、标志、包装、运输和贮存。

本标准适用于海南名牌农产品菠萝的评选和认定。

2　规范性引用文件

下列文件对于本文件的应用是必不可少的。凡是注日期的引用文件，仅所注日期的版本适用于本文件。凡是不注日期的引用文件，其最新版本（包括所有的修改单）适用于本文件。

GB 2762　食品安全国家标准　食品中污染物限量

GB 2763　食品安全国家标准　食品中农药最大残留限量

GB/T 8321　农药合理使用准则

GB/T 8855　新鲜水果和蔬菜的取样方法

NY/T 750　绿色食品　热带、亚热带水果

NY/T 1477　菠萝病虫害防治技术规范

NY/T 2001　菠萝贮藏技术规范

NY/T 5023　无公害食品　热带水果产地环境条件

3 术语和定义

3.1 畸形果

冠芽或者果实发育不正常。如果实无冠芽、多冠芽、冠芽扇形、果实基部有瘤果等。

3.2 水心果

切开后,果肉剖面呈现水浸状的果实。

3.3 肉声果

用手指轻弹回音浑浊不清的果实。

4 生产管理

4.1 建园

宜选择土层较深,疏松透气,有机质含量高,pH 4.5 ~ 6.0 的土壤建园,坡度小于20°。产地环境条件按照 NY/T 5023 标准执行。

4.2 种植时间

巴厘品种宜在8月~9月种植,台农11号、16号、17号及金菠萝宜在9月~11月种植。

4.3 种植方法

4.3.1 种苗要求

巴厘品种的裔芽种苗高度应不小于30cm,台农系列和金菠萝种苗不小于40cm。种植前晒一周,种植时切老根至见芽点。

4.3.2 种植密度

种植密度为每667m²(亩)2 500株~3 500株。大行距0.7m~1.1m,小行距0.4m~0.6m,株距0.35m~0.5m。

4.3.3 种植模式

采用大、小行种植,小行间用黑色地膜覆盖。不同降雨地区的大行间可以采取不同的耕作模式。降雨多的地区大行之间覆膜或者清耕;降雨少的地区大行之间宜覆膜、覆草;降雨大的地区平地果园需要起垄种植,并注意排涝。

4.4　水分管理

苗期、花蕾抽生期、果实发育期遇干旱应及时灌水，主要采用行间喷灌或者小行薄膜下滴灌进行。雨季注意排涝。

4.5　施肥管理

4.5.1　基肥

开好定植沟（穴）后施入。每$667m^2$施过磷酸钙50kg，并混合施入禽畜粪500kg ～ 1 000kg或生物有机肥50kg ～ 100kg + 花生饼或菜籽饼100kg。

4.5.2　营养生长期施肥

植株开始抽生新叶至长出4片 ～ 5片新叶期间，分3次施高氮型复合肥料，每$667m^2$每次不超过20kg ～ 30kg；中苗期后分2次施肥，第1次每$667m^2$用尿素20kg ～ 30kg + 硫酸钾10kg ～ 15kg混施；第2次每$667m^2$混合施入尿素15kg ～ 20kg + 硫酸钾20kg + 过磷酸钙50kg。催花前一个月停止施肥。

4.5.3　壮蕾肥

在催花现红点后，每$667m^2$用复合肥20kg + 硫酸钾10kg混施。

4.5.4　壮果肥

抽蕾后，每$667m^2$用复合肥20kg ～ 30kg + 硫酸钾10kg混施。

4.5.5　叶面肥

营养生长期，每月喷施1次叶面肥，宜用1%尿素 + 0.2%磷酸二氢钾混合液。

开花末期推荐用1%磷酸二氢钾溶液喷果面1次。20天 ～ 30天后，再用1%氯化钾溶液喷施1次。

果实发育期每月喷施0.1%硝酸钾1次 ～ 2次、0.1%硝酸钙镁1次，防止裂果。

4.6　催花

巴厘品种叶片长度35cm以上的数目达30片 ～ 35片以上，台农11号、台农16号、台农17号及金菠萝叶片长度50cm以上的数目达到30片左右可以催花。催花的药剂主要有乙烯利和乙炔（电石）。催花药剂的使用浓度、次数依品种及催花季节而异，一般为40%乙烯利400倍 ～ 800倍液、1.0% ～ 2.0%的乙炔水溶液，连续喷2次 ～ 3次，每次间隔1d ～ 3d。灌满株心。

4.7 护果

采收前 1 个月左右，用纸袋或者网袋等对果实进行套袋护果，避免果皮受到日灼。

4.8 病虫害防治

4.8.1 防治原则

应贯彻"预防为主、综合防治"的植保方针。推广绿色防控技术，注意保护天敌。侧重使用农业防治、物理防治和生物防治等非化学防治措施。

4.8.2 主要病虫害防治

主要病虫害防治见附录A。其他病虫害防治按照NY/T 1477执行。使用药剂应严格按照GB/T 8321规定执行。化学农药等投入品使用应有记录。

4.9 果实采收

4.9.1 采收成熟度

根据用途和市场需求决定采收适期。加工或远销的菠萝果实7～8成熟时采收，本地销售的果实成熟度要在9成熟时采收。

4.9.2 采收要求

依据成熟度分批采收。在晴天上午露水干后或阴天采收，雨天不宜采收。果实采收时要保留冠芽。

4.10 果实分级

4.10.1 基本要求

果实应符合以下基本要求：

——果实新鲜，果形端正，成熟后具有该品种固有的色泽、香味。

——不应有畸形果、肉声果、水心果、果瘤、裂果、日灼果、机械损伤果、虫咬果、黑心果及其他病虫果。

——冠芽长度不小于10cm，但不超过果实纵径的1.5倍。顶芽与果实接合良好。

——果柄长2.0cm～2.5cm，切口平整光滑。无苞片。

4.10.2 等级规格

不同菠萝品种的等级规格要求见表1。

表1　不同菠萝品种的等级规格要求

品种	不同等级单果重量（具冠芽）		春季果实可溶性固形物含量（%）
	特等品（g）	一等品（g）	
巴厘	1 500 ~ 2 000	1 250 ~ 1 499	≥13.0
台农11号（香水）	1 500 ~ 2 000	1 250 ~ 1 499	≥14.0
台农16号（甜蜜蜜）	1 500 ~ 2 000	1 250 ~ 1 499	≥14.0
台农17号（金钻）	1 500 ~ 2 000	1 250 ~ 1 499	≥13.5
金菠萝（MD2）	1 750 ~ 2 500	1 400 ~ 1 749	≥14.0

注：冬季果实和夏季果实的可溶性固形物含量分别下调、上调0.5% ~ 1.0%。果实可溶性固形物的含量应在果实采收后达到最佳可食品质时测定。各等级果实中允许有5%的不符合该规格等级要求的果实。

5　试验方法

5.1　取样方法

按GB /T 8855中有关规定执行。报验单填写的项目应与实货相符，凡与实际不符或包装严重损坏，应由交货单位重新整理后再进行抽样。

5.2　感官检验

将样本置于自然光下，用目测法检验新鲜度、腐烂等基本情况。用鼻嗅法检验异味。黑心病用剖切法检验。对于不符合基本要求和等级规格要求的产品做各项记录，并计算百分率，结果保留到小数点后一位。

5.3　果实重量测定

用天平称量，分别记录单果重量。

5.4　可溶性固形物含量

按照NY/T 750执行。

5.5　卫生指标

按GB 2762和GB 2763及国家、海南省相关法律法规定执行。

6　检验规则

6.1　组批

同一产地同时采收的产品作为一个检验批次。

6.2 检验分类

6.2.1 型式检验

有下列情形之一者应进行型式检验。

a）产品评优、出口，或国家质量监督机构或行业主管部门提出型式检验要求。

b）供需双方商定的要求。

6.2.2 交收检验

每批产品交收前，生产单位或收货单位应进行交收检验。交收检验内容包括基本要求、等级规格、标志和包装。

6.3 判定规则

6.3.1 建园、种苗、种植、施肥、催花、病虫防治、采收及果实分级符合 4.1～4.10要求，同时，卫生指标符合5.5要求的，可认定为海南名牌农产品菠萝。

6.3.2 建园、种苗、种植、施肥、催花、病虫防治、采收及果实分级不满足4.1～4.10要求或者卫生指标不符合5.5要求的，不可认定为海南名牌农产品菠萝。

7 标志、包装、运输和贮存

7.1 标志

应标明产品名称、品种、产品的标准编号、产地、生产单位名称、净重和包装日期等。标志上的字迹应清晰、完整、准确。

7.2 包装

包装应依照不同的规格等级分级包装。每箱内装5个～10个菠萝，果实之间用隔板隔开。

包装材料应透气，在运输过程中不变形，避免对果实造成损伤。

7.3 运输

运输工具应清洁，有防晒、防雨和通风设施。运输过程中不得与有毒、有害物质混运，小心装卸，严禁重压。货物进站后，应在48小时内装车发运。

7.4 储存

储存按照NY/T 2001标准执行。储存场所应清洁、通风、有防晒防雨设施。

附 录 A
（资料性附录）
菠萝主要病虫害及其防治技术

防治对象	农业防治	药剂防治	使用方法
粉蚧	1. 园地开垦时清除野生杂草及灌木。 2. 发现虫株时铲除，并在其周围50cm ～ 60cm 范围内撒生石灰200g ～ 300g。	1. 25%噻嗪酮悬浮剂1 000 倍～ 1 500 倍液。 2. 48%毒死蜱乳油100 倍+3%啶虫脒乳油1 500 倍液。 3. 22.4%螺虫乙酯悬浮剂3 000 倍液。	灌根
凋萎病	1. 加强检疫、控制病区和病田的种苗作为种植材料输入新植区或新园。 2. 对携带有粉蚧的种苗，在定植前应使用药剂浸泡晾干方可种植。	1. 毒死蜱480 克/升乳油1 000 倍液。 2. 辛硫磷40%乳油1 000 倍液。 3. 5%氨基寡糖素水剂1 000 倍液。	浸泡、灌根、喷雾
心腐病	1. 搞好园地备耕，并建设排水系统，保证园地不积水。 2. 选用壮苗，种植前经7 天～10 天阴干。前茬发病较严重的果园应使用杀菌剂浸泡，晾干后选晴天种植，发现病株及时拔除，同时使用杀菌剂保护邻近植株。 3. 加强栽培管理。发现病苗及时拔除烧毁，病穴经翻晒并用石灰或药剂消毒后再补苗。	1. 18.7%烯酰·吡唑酯水分散粒剂800 倍液。 2. 50%烯酰吗啉可湿性粉剂1 500 倍液。 3. 72%霜脲氰·代森锰锌可湿性粉剂500 倍液。 4. 52.5% 噁唑菌酮·霜脲氰水分散粒剂1 500 倍液。	喷雾
根线虫病	1. 选用无虫健康种苗，不在根线虫病区采购种苗，禁止带有线虫病根的植株移植到无病区。 2. 已发病菠萝园加强管理，增施有机肥，促发新根，减轻受害。	1. 每667m² 施10.2%阿维·噻唑1 000g。 2. 5.5 % 阿维·噻唑膦800 倍～ 1 000 倍液。	撒施、灌根

附录2 菠萝生产技术规程
（DB46/T 406—2016）

1 范围

本标准规定了菠萝 [*Ananas comosus*（L.）Merr.] 生产的园地选址与规划、品种与种苗、定植、土壤管理、水分管理、施肥管理、花果管理、病虫害综合防控、果实采收等技术要求。

本标准适用于海南地区菠萝生产。

2 规范性引用文件

下列文件对于本文件的应用是必不可少的。凡是注日期的引用文件，仅所注日期的版本适用于本文件。凡是不注日期的引用文件，其最新版本（包括所有的修改单）适用于本文件。

GB 4285　农药安全使用标准

GB 5084　农田灌溉水质标准

GB/T 8321　农药合理使用准则

NY 5023　无公害食品　热带水果产地环境条件

NY 5177　无公害食品　菠萝

NY/T 227　微生物肥料

NY/T 394　绿色食品　肥料使用准则

NY/T 451　菠萝　种苗

NY/T 1168　畜禽粪便无害化处理技术规范

NY/T 1442　菠萝栽培技术规程

3 园地选址与规划

3.1 园地选址

3.1.1 园地位置

宜选择距离干线公路200m以外，远离医院、工厂、矿场，周边2km范围内无污染源，坡度≤20°，交通方便的地块建园。水田、低洼地或坡度大于20°的山地不宜建园。

3.1.2 土壤要求

园地土壤以pH 4.5～6.0、土质疏松、排灌性良好、红壤或沙质壤土为宜。海、河沙滩或土质黏重的地块则不宜建园。

3.1.3 水分要求

灌溉水应符合GB 5084的规定。

3.1.4 其他要求

园地其他条件应符合NY 5023的规定。

3.2 园地规划与品种选择

3.2.1 园地规划与小区设置

面积<4hm² 的果园可根据实际情况规划简易的道路系统、种植小区、排灌系统及水土保持工程。面积≥4hm² 的果园，则应规划防风林、水源林、道路系统、排灌系统、水土保持工程、工人住宅区、仓库及采后处理场所。大园按坡向、土质和肥力相对一致和方便农事操作的原则，将全园分为若干小区，每小区面积2hm² ～ 3hm²。

3.2.2 品种选择

宜选择本地适栽、抗逆性较强、高产优质和市场畅销的品种，如巴厘、台农16号（甜蜜蜜）、台农11号（香水）、台农17号（金钻）、金菠萝（MD2）、沙捞越等。

4 定植

4.1 整地

4.1.1 起畦

园地清园后进行机耕，两犁两耙，犁地深度50cm以上。坡度小于5°

时，采用平畦种植；坡度 5°～10°，采用等高撩壕种植；坡度 10°～15°，应建立等高梯田，畦宽 90cm～150cm，沟宽 50cm～70cm；坡度 15°～20°，开等高平台。

4.1.2　定植沟设置

按 NY/T1442 的规定执行。

4.1.3　施基肥

开好定植沟后即施入腐熟有机肥＋化肥作基肥。推荐用量：禽畜粪或土杂肥 7 500kg/hm²～15 000kg/hm²＋花生饼肥或菜籽饼肥 750kg/hm²＋过磷酸钙 750kg/hm²，混合均匀堆沤腐熟后使用。施肥完成后覆以 5cm～8cm 厚的土层，畦面高 10cm～15cm。

4.2　设置膜下喷带

有条件的果园可结合供水管设置膜下供水系统。具体方法是在种植畦一端设置供水开关，畦面基肥覆土完成后，于种植畦中央设置与畦平行的微喷带，长度视需要而定。

4.3　覆膜

施基肥回土后，用膜宽 90cm～150cm、按拟定种植株行距打好孔（孔口直径 10cm）或工厂定制好种植孔的农用黑色塑料膜平铺于平整好的畦面上，四周用土压紧。

4.4　定植密度

定植密度因品种特性、土壤条件、地形地势、栽培管理水平不同而异，以 30 000～49 500 株/hm² 为宜，其中传统品种如巴厘、沙捞越和小株型品种如台农 11 号定植密度可较大，而新品种如台农 16 号、台农 17 号及大株型品种定植密度可较小。

4.5　定植规格

根据品种特性和园地条件，可采用单行、双行、三行或多行种植，株距 30cm～40cm，小行距 40cm～50cm，大行距 80cm～100cm。其中以双行品字型为宜。

4.6　定植时期

4 月～11 月均可种植，具体可按上市时间和种苗大小安排定植时期。

4.7 种苗

4.7.1 种苗质量要求

吸芽苗、裔芽苗或顶芽苗的选择按 NY/T451 的规定执行；台农系列组培苗品种纯度 ≥ 98%；植株生长正常、粗壮、叶色正常；根系生长良好；无检疫性病虫害；苗龄 6 个月 ~ 9 个月；变异率 ≤ 5%。

4.7.2 种苗植前处理

（1）台农系列袋装组培苗应及早定植，若有特殊情况无法及时定植时，应注意喷水保持营养土湿润。地上部长至 25cm 即满足定植要求。

（2）吸芽苗、裔芽苗或顶芽苗植前晒苗，具体操作为：将种苗分级分类后，捆绑成束，根部朝上，于阳光充足的场地进行日晒，至种苗部分失绿脱水而不发黄。剥去种苗基部 3 片 ~ 5 片叶，用 35% 甲霜灵可湿性粉剂 800 倍液，或 70% 甲基硫菌灵可湿性粉剂 800 ~ 1 000 倍液，或 58% 瑞毒锰锌可湿性粉剂 800 倍液（甲霜·锰锌），或 60% 乙磷铝可湿性粉剂 500 倍液浸泡种苗基部 10min ~ 15min，倒置晾干后定植。

4.8 定植方法

菠萝应浅植，植穴深度以 4cm ~ 8cm 为宜，原则上以土壤不盖心为宜。根据种苗规格和类型进行分类、分区定植。组培苗植前应去袋、带基质，用药液浸泡种苗基部 2min ~ 3min，晾干后定植。

4.9 查苗补苗

植后应加强田间巡查，对偏斜、倒苗的种苗应及时扶正；对死株应及时补苗；对弱株应及时换苗；对病株应及时挖除，旧穴经翻晒、石灰消毒后于 10cm 外挖新穴补苗。

5 土壤管理

定植至封行前大行间的杂草可使用除草剂除草，畦面及封行后大行间杂草需人工拔除。雨后应加强培土，覆盖裸露根系和地膜。

6 水分管理

苗期、花蕾抽生期、果实发育期和吸芽抽生期遇旱应及时灌水，且以喷灌为宜。雨季应加强防涝，及时排尽园内积水。

7 施肥管理

7.1 以有机肥、化肥为主，微生物肥为辅。

7.2 农家肥和商品肥料种类的使用参照NY/T394的规定执行。

7.3 微生物肥料种类与使用参照NY/T227的规定执行。

7.4 农家肥要堆沤、充分腐熟后才能使用，按NY/T1168 的规定执行；催花前及采果前30d停止使用化学肥料，作叶面追肥的肥料应在采果前20d停用。

7.5 有条件的果园应采用营养诊断施肥及测土配方施肥。

7.6 施肥方法和时间

7.6.1 壮苗肥

（1）非组培苗。分两次施下，第一次于定植后2个月左右、抽生新叶2片～3片时，用尿素300kg/hm^2＋硫酸钾150kg/hm^{2}混施；第二次于定植后3个月～4个月、抽生新叶5片～7片时，用尿素500kg/hm^2＋硫酸钾300kg/hm^2＋过磷酸磷750kg/hm^{2}混施。

（2）组培苗。定植返青后开始施肥，至抽生新叶4片～5片时，分3次用1%尿素溶液水施，50mL～80mL/每株；中苗期后分两次施肥，第一次以尿素300kg/hm^2＋硫酸钾150kg/hm^{2}混施，第二次以尿素150kg/hm^2＋硫酸钾300kg/hm^2＋过磷酸磷750kg/hm^{2}混施，沟施或穴施。

7.6.2 促花壮蕾肥

巴厘、沙捞越在花芽分化至花蕾抽发前混施复合肥300kg/hm^2＋硫酸钾150kg/hm^2；台农系列菠萝品种则不宜施肥。

7.6.3 壮果催芽肥

谢花后，混施复合肥300kg/hm^2～450kg/hm^2＋硫酸钾150kg/hm^{2}壮果。针对需要留苗的果园，壮芽肥应在果实采收后施用，以尿素150kg/hm^2～225kg/hm^2＋氯化钾225kg/hm^{2}均匀混施于离根基部15cm处，不留苗的果园不用施肥。

7.6.4 叶面肥

（1）定植1个月后到收获前20d，每月喷施1次叶面肥，可用1%尿素＋0.3%磷酸二氢钾混合液；果实发育期每月喷施0.3%硝酸钾1～2次和

0.2％硝酸钙镁1次，防止裂果。或使用NY/T 394推荐的商品叶面肥喷洒叶面。果期施用氨基酸和腐殖酸有效提高菠萝质量，用量及用法参照产品说明书。

（2）叶面肥的施用可按照说明书要求与农药合理混合施用。

（3）分别于大苗期、花芽分化期、谢花后及采果后7d～10d等关键时期各喷施1次微量元素叶面肥。

（4）生产过程中如发现植株缺素应及时通过叶面补充。

8　花果管理

8.1　催花

催花时间由采果上市时间决定，自催花至果实采收需5个月～6个月，长度30cm以上的叶片数达35片以上的植株即可催花；催花前1个月必须停止施用氮肥；催花应选择晴天进行，避免雨淋降低药效。催花药剂及浓度依品种及催花季节而异。用药量因季节和植株而异，冬春季推荐浓度低于夏秋季，大株用量高于小株用量。

表1　催花药剂、浓度及用量和施药方法

序号	品种	催花药剂、浓度及用量	施药方法
1	巴厘	以40％乙烯利500～800倍溶液加1％的尿素灌心为宜，每株灌药液50mL～60mL。	灌心，每次间隔期3d，共灌2～3次。
2	台农16号、台农17号	以1.5％～2％碳化钙（电石）溶液进行催花。其中电石应先溶于水，待没有气泡冒出时使用，催花应在上午9点前或下午5点后进行。每株灌心50mL～80mL。	灌心，每次间隔期1d～2d，共灌2～3次。
3	金菠萝、台农11号	以40％乙烯利500～800倍溶液加1％的尿素或以1.5％～2％碳化钙（电石）溶液灌心催花。每株灌药液30mL～50mL。	灌心，每次间隔期1d～2d，共灌2～3次。
4	沙捞越	以40％乙烯利500～800倍溶液加1％的尿素灌心，每株灌药液50mL～80mL。	灌心，每次间隔期3d～5d，共灌2～3次。

注：催花后4h内遇强降雨应补催。

8.2　除芽

用于鲜食的商品果菠萝顶芽不宜摘除，用于加工的菠萝果实可摘除顶芽作种苗。果柄上裔芽可留2～3个作为种苗，其余的要及时分批摘除，种苗充足时应全部摘除。

8.3 壮果

不提倡使用赤霉素壮果膨大；宜通过加强水肥管理壮果，具体按第7章给出的要求执行。

8.4 护果

收获前1个月用牛皮纸袋或黑色塑料果袋套袋，或用遮阳网覆盖行间保果。

9 病虫害综合防控

9.1 主要病虫害种类

9.1.1 主要病害

菠萝主要病害有凋萎病、心腐病、黑腐病、黑心病、炭疽病、叶斑病、根腐病、日灼病、线虫病等。

9.1.2 主要虫害

菠萝主要虫害有粉蚧、蟋蟀、长叶螨等。

9.2 防治原则

积极贯彻"预防为主，综合防治"的植保方针。以菠萝病虫害为对象，综合考虑影响病害发生的各种因素，以农业防治和物理防治为基础，提倡生物防治，按病虫害发生规律，科学使用化学防治技术，对病虫害进行经济、安全、有效、简便地控制，将病虫害控制在经济阈值下，保证菠萝果品质量符合GB 2762的规定。

9.3 防治方法

9.3.1 农业防治

（1）植前园地要深耕、翻晒，杀灭宿存病菌、害虫和杂草种子。

（2）严禁使用带有检疫性对象的种苗或从疫区调苗。

（3）加强田间管理，提高植株抗性。

（4）及时排灌，防止园内旱涝，减轻心腐病和凋萎病发生。

（5）合理轮作，避免多年连作。

9.3.2 物理防治

（1）果实套袋或覆盖，阻隔害虫侵入。

（2）人工摘除害虫卵块、蛹及病残组织，人工捕捉幼虫、成虫。

（3）使用灯光诱杀夜间活动的害虫。

9.3.3   生物防治

（1）选用微生物源和植物源药剂防控病虫。

（2）果园周围应创造有利于天敌繁衍的生态环境。

（3）繁殖、释放和助迁害虫天敌。

9.3.4   化学防治

（1）所用药剂必须为经我国农药管理部门登记允许在菠萝或其他果树上使用的种类。不得使用国家和地方严禁在果树上使用的和未登记的药剂。当新的有效药剂出现或者新的管理规定出台时，以最新的规定为准。应选择低毒、高效、低残留、易分解的药剂种类，严格按使用浓度施药，施药力求均匀周到。

（2）加强病虫害发生的动态监测和预报，适时用药以提高防治效果。

（3）注意不同作用机理农药的合理混用和交替使用，避免病虫产生抗药性。具体使用参照 GB 4285 和 GB/T 8321 的规定执行。

（4）严格控制农药的安全间隔期，尽量减轻化学农药对环境的污染和天敌的伤害，避免对果实造成污染。

9.3.5   主要病虫害综合防治

菠萝主要病虫害的防治参照附录 A 进行。

10   果实采收

10.1   采收前不宜使用乙烯利催熟果实。

10.2   根据用途和市场需求决定采收时期。果脯加工或远销的菠萝果实 7 ～ 8 成熟（外观上果实基部有 2 排果眼变黄）时即可采收，果汁加工或近销的果实宜在 9 成熟时采收。

10.3   在晴天上午或阴天采收，雨天不宜采收。

10.4   鲜食商品果实采收时应保留冠芽，并保留 2cm ～ 3cm 长的果柄。

10.5   采收过程避免果实机械损伤。

10.6   果实采收后及时运到鲜果包装房或通风、荫蔽的场所，避免日晒。分级后及时储运。包装要清洁，符合卫生标准。装运车辆及运输工具要符合卫生规定。

10.7   采收后及时清理园地，病残体运出园外统一无害化处理。

附录A
（资料性附录）
菠萝主要病虫害综合防控措施

表A.1　菠萝主要病虫害综合防控措施

病虫名称	为害时期	为害症状	防治方法
凋萎病（*Pineapple mealybug wilt-associated viruses*，PMWaVs）	整个生长期均可受害，发病率较高。	病毒常与粉蚧共同为害引发凋萎。发病初期，叶片发红失去光泽，叶尖失水皱缩干枯，叶缘向沿叶背卷缩，叶片凋萎干枯；部分病株嫩茎和心叶腐烂，根系部分或全部腐烂；植株凋萎枯死。	（1）加强检疫，禁止从疫区、病区调运种苗及菠萝产品。 （2）加强果园管理，增施有机肥，提高植株抗性；防止积水；发现病株及时清除并集中无害化处理。发病初期适当灌水，对植株恢复有一定效果。 （3）药剂防治。种苗消毒参考粉蚧防治。发现新发或发病轻微病株，结合粉蚧防治，喷施1%～2%尿素溶液或叶面肥。发病严重的植株及时拔除、补种。
心腐病（*Phytophthora cinnamomi*；*P. parasitica*；*P. palmivora*）	整个生长期均可受害，多雨季节易发生且发病严重。	在多雨季节发生严重。发病初期，叶片色泽暗淡无光泽，后逐渐变为黄绿或红绿色，叶尖变褐、干枯，叶基现淡褐色水渍状斑，并逐渐向上扩展，后期在病健交界处形成波浪形深褐色界纹，腐烂组织呈奶酪状，最后全株枯死。由于腐生菌的侵入常具刺激性腐臭。受害株新叶易拔起。	（1）植前先晒苗数日至基部叶片发黄，剥去基部黄叶、老叶，然后用35%甲霜灵可湿性粉剂800倍液，或58%瑞毒锰锌可湿性粉剂800倍液，或60%乙磷铝可湿性粉剂500倍液浸苗基部10min～15min消毒，晾干后定植。 （2）合理排灌，避免在阴雨天气定植，园地避免积水；深耕浅种，定植时避免土粒掉入种苗心部；中耕除草时避免损伤茎基；增施有机肥，避免偏施或过施氮肥；发现病株及时拔出处理，病穴填换新土，撒石灰或浇灌2%福尔马林液或20%石灰水消毒后补苗。 （3）药剂防治。台风雨季节或发病初期选择58%瑞毒霉锰锌可湿性粉剂800倍液，或90%乙磷铝可湿性粉剂500倍液，或64%恶霜灵·锰锌可湿性粉剂600倍液，或70%甲基硫菌灵可湿性粉剂2 000倍液，或50%多菌灵可湿性粉剂1 000倍液，或80%敌菌丹可湿性粉剂1 000倍液，或50%苯来特可湿性粉剂500倍液等喷雾或灌根，10d～15d施药1次，连续2～3次。
炭疽病（*Colletotrichum gloeosporioides*）	主要在苗期和成株期为害。	受害叶片初期具褪绿小斑，后扩大为椭圆形、(1.3～4.5) cm×(0.5～1) cm、中部凹陷呈浅褐色、边缘具深褐色隆起的病斑，可相连成片，病斑有时具黑色小点。	（1）合理施肥、排灌；增施磷钾肥，避免偏施氮肥，增强植株抗逆性。 （2）药剂防治。发病初期施70%百菌清·锰锌可湿性粉剂500～700倍液，或75%百菌清可湿性粉剂＋70%甲基硫菌灵可湿性粉剂的1：1混合液1 000倍液，或50%福美双可湿性粉剂800～1 000倍液，或50%多菌灵可湿性粉剂500～800倍液，或50%甲基硫菌灵可湿性粉剂500～800倍液，或30%氧氯化铜悬浮剂600～800倍液等。

海　南　菠　萝

（续）

病虫名称	为害时期	为害症状	防治方法
黑腐病 (*Thielaviopsis paradoxa*)	为害果实，是储运期主要病害。	又称菠萝软腐病。发病初期在果面出现圆形水渍状小斑，3d后病斑逐渐扩散至全果，呈大型黑斑，果肉组织由黄变黑、变褐，腐烂后具刺激臭味。此外，病菌可引起白腐。	(1) 选用壮苗，药剂处理伤口后，晾干定植。 (2) 采果前和采收后及时进行果实套袋。 (3) 减少采收、储运过程中的机械伤，减少病菌侵入机会；包装房定时消毒，杀灭菌源。
拟茎点霉叶斑病 (*Phomopsis ananassae*)	生长前、中期受害。	该病多发生于幼苗及成株的叶片中部，病斑长圆形或不规则状，不回陷，边缘淡黄色，中央蜜黄色。病斑中央表皮下多埋生黑色小点。	(1) 加强栽培管理，增强植株抗性。 (2) 药剂防治。病害普遍发生时选用50%多菌灵可湿性粉剂500～800倍液，或50%甲基硫菌灵可湿性粉剂500～800倍液等防治。
黑心病 (Black heart disease, 病因尚不明确)	青果期受害重。	先于果心周围出现水渍状斑点。后逐渐扩大，似水烫状，失去光泽，果肉开始腐烂，变味，果实变轻。当病斑扩展至果皮时，成熟果受害，果心先出现水渍状斑，后扩至果心，果肉逐渐褐变，变味。	(1) 合理规划。选择坡向好、排水良好的地段种植；合理密植；适当增施钾肥和钙镁肥。 (2) 合理调节花期，改变结果时期，病区宜选择夏果、春果。 (3) 加工采收在果实当提前，减少损失；销售鲜果选择在12℃左右贮运，避免温度变化过大。 (4) 药剂防治。花期喷50%苯菌灵可湿性粉剂1 000～1 200倍液，或50%多菌灵可湿性粉剂800～1 000倍液等。
日灼 (Sun-burnt)	果实膨大期和成熟期均受害。	受害果果皮具褐色伤痕，果肉变劣。由于果实水分散失快形成空心果，或因病菌侵染而腐烂。	(1) 用塑料袋、绳子将叶片束缚，遮住果实。 (2) 用杂草、纸等覆盖果顶护果。 (3) 用牛皮纸、报纸、纸氹、尼龙袋等将果实包住保果。
粉蚧 (*Dysmicoccus brevipes*; *D. neobrevipes*)	整个生长期均可为害。	以若虫和成虫刺吸植株根、茎、叶、果实汁液，传播菠萝病毒。株叶片褪色变红或紫红色，软化凋萎；根部变黑腐烂，直至枯萎。此外，虫体排泄物能诱发煤烟病，并吸引蚂蚁对其虫体进行撒运、扩散。	(1) 种植新区应在无粉蚧为害的果园选苗，防止粉蚧传入。 (2) 种苗处理。定植前用25%噻嗪酮乳油800～1 000倍液，或20%高效顺反氯·马乳油3 000～4 000倍液，或44%丙溴磷乳油1 000～1 500倍液，或10%吡虫啉可湿性粉剂1 000～1 500倍液，将种苗堆放整齐后用80%敌百虫晶体1 000倍液浸种苗基部5min～10min，杀残留虫体；或将种苗基部1 000倍液喷湿种苗后盖上薄膜，压紧，密闭24h熏杀害虫，除膜后2d后定植。卵孵化盛期喷施或淋施25%噻虫嗪800～1 000倍液，连续2～3次。毒饵诱杀蚂蚁，切断粉蚧的传毒途径。每隔7d～15d施用1次，立即喷施30%吡虫啉、或噻嗪酮悬浮剂2 000倍液或70%吡虫啉水分散粒剂1 500倍液，基部喷淋。发现为害，……

(续)

病虫名称	为害时期	为害症状	防治方法
蟋蟀类 (Brachytrupes portentosus; Gryllus chinensis)	整个生长期均可为害。	除咬食果实之外，蟋蟀造成的伤口还能招诱双又犀金龟、蚜虫、病菌等的为害。受害果实常失去经济、食用价值。	(1) 施药毒杀。用22.5kg/hm²～30kg/hm²的2.5%敌百虫粉剂，或90%敌百虫晶体800倍液，或2.5%溴氰菊酯+80%敌敌畏（1：5比例混合）5 000倍液喷雾，每7d～10d施药1次。 (2) 毒饵诱杀。将炒香的米糠或豆饼以10：1的比例混入90%敌百虫粉，加适量水于傍晚在害虫活动区撒施，诱杀害虫。 (3) 堆肥或土未肥诱杀。堆肥或土未肥淋酒90%敌百虫晶体800倍液堆沤后再使用。
蛴螬类 (Asactopholis bituberculata; Holotrichia sinensis; Anomala varcolis)	生长前期、中期为害，新根抽发期受害严重。	害虫多咬食菠萝地下茎和幼根，造成地下部受损，地上部叶片萎缩、干枯，被害30d左右后植株表现出叶尖失收缩，叶片失水变红，后逐渐枯萎，形似凋萎病，但叶尖少卷曲。	(1) 农业防治。受害重的果园，休耕2年或改种豆类、茄类。 (2) 人工防治。利用成虫假死性，在4月～5月成虫盛发期捕杀害虫，减少出源。 (3) 物理防治。果园安装黑光灯或黑绿双光灯诱杀成虫。 (4) 药剂防治。定植前穴中喷药杀灭幼虫，施药毒杀和毒饵诱杀可参照蟋蟀类。结合根外追肥，在肥料中加入90%敌百虫晶体800倍液淋施菠萝株蔸，杀死蛴螬。
线虫类 (Pratylenchus brachyurus; Meloidogyne javanica; Meloidogyne incognita; Rotylenchulus reniformis)	整个生长期均可为害。	为害植株根部，根系变色环死。由于根部受损，叶片逐渐变黄，植株生长衰弱，甚至枯死。一些种类的线虫还能协助病菌的传播和扩散为害。	(1) 禁止带虫的植株、种苗转移到无病区。 (2) 避免在有线虫为害为害的土地建园，植前应在晴天反复犁地翻晒20cm以上土壤，并应用10%噻唑膦颗粒剂均匀撒施后耕翻入土，用量30kg/hm²～45kg/hm²，或用2.5亿孢子/g厚孢轮枝菌微粒剂22.5kg/hm²～30kg/hm²，按1：800比例与精细肥料混匀，植前均匀撒于定植穴内。 (3) 发病轻的菠萝园增施有机肥，促发新根，增强树势；同时使用5%阿维菌素乳油800～1 000倍液灌根。 (4) 合理轮作，条件允许时宜行旱草轮作。作物可选择甘蔗、水稻、豆类等。
长叶螨 (Dolichotetranychus floridamus)	主要为害幼苗。	该虫为害多较径，严重时除个别心叶外，基部叶片均受其为害。	(1) 结合清园和中耕除草，清除果园里的枯叶和杂草，集中深埋或烧毁，消灭害螨。 (2) 药物防治。初发现时喷洒20%双甲脒乳油1 200倍液，或10%浏阳霉素乳油1 000倍液等防治。

主要参考文献

广东省农业科学院果树研究所, 1987. 菠萝及其栽培 [M]. 北京: 轻工业出版社.

贺军虎, 2015. 菠萝新品种及优质高产栽培技术 [M]. 北京: 中国农业科技出版社.

郑有诚, 2007. 菠萝高产栽培技术 [M]. 海口: 海南出版社, 三环出版社.

中国(台湾)园艺学会农业试验嘉义分所, 2002. 凤梨栽培管理技术 [M]. 台北: 农业试验嘉义分所.

图书在版编目（CIP）数据

海南菠萝 / 贺军虎，栾爱萍主编. -- 北京 ：中国
农业出版社，2024.7. -- ISBN 978-7-109-32205-9

Ⅰ. F326.13

中国国家版本馆CIP数据核字第2024CJ0280号

中国农业出版社出版

地址：北京市朝阳区麦子店街18号楼

邮编：100125

责任编辑：郭晨茜　孟令洋

版式设计：杨　婧　　责任校对：吴丽婷　　责任印制：王　宏

印刷：中农印务有限公司

版次：2024年7月第1版

印次：2024年7月北京第1次印刷

发行：新华书店北京发行所

开本：700mm×1000mm　1/16

印张：6.5

字数：160千字

定价：48.00元
